Klaus P. Fischer

# GLAUBE LEHRT SEHEN

## oder

# SEHKRAFT DURCH GLAUBEN

# VORWORT

Wer die Evangelien hört oder liest, vermerkt erstaunt die vielen Berichte über Heilungen von *Blindheit* durch Jesus, die hier genannt oder beschrieben werden. An etwa einem Dutzend Stellen betonen die vier Evangelien, Jesus habe Blinde geheilt - viele Namenlose, aber auch einen, der mit Namen genannt wird: *Bartimäus* (Mk 10,46).

Es fällt auf, wie oft überhaupt *Heilungen* durch Jesus überliefert werden, Heilungen von diversen Gebrechen (Taubstummheit, Lähmung, Aussatz, Besessenheit u.a.m.), doch wird *Heilung von Blindheit* gewöhnlich an erster Stelle genannt.

Mehrmals schilt Jesus Widersacher, die seiner Botschaft besorgt-aggressiv entgegentreten, sie seien "Blinde" und "Anführer von Blinden".

Diese auffällige Besonderheit erinnert an Propheten wie *Jesaja*: er verheißt die Öffnung blinder Augen für die End- und Heilszeit (zB Jes 29,18).

Apostel und Evangelisten sehen die *Heilszeit* mit *Jesus*, seinem öffentlichen Wirken als Prophet und Heiler, zumal aber mit seiner unerwarteten Auferstehung aus dem Tod endgültig *gekommen*. Seine Botschaft, sein Schicksal zeigen sich jetzt in einem völlig neuen Licht: ein Licht, das nicht aus den uns bekannten Lichtquellen kommt.

*Lukas* erläutert es in der Erzählung von den zwei Wanderern nach Emmaus. Als Jesus, *auferstanden*, unterwegs zu ihnen stößt, erkennen sie ihn nicht: er ist mit gewöhnlichen Augen nicht zu sehen, nicht zu erkennen: "ihre Augen waren von höherer Macht gehindert" (Lk 24,16). Erst am Ende des gemeinsamen Weges - Jesus hatte die Schrift ausgelegt, das Brot mit ihnen gebrochen - wurden ihre Augen (von oben) geöffnet, sodass sie ihn auf neue Art erkannten und begriffen: er ist wahrhaftig *vom Tod auferstanden!* (Lk 24,31f.34).

Der *Johannes*-Evangelist deutet Entsprechendes an, als die trauernde *Maria von Magdala* zum Grab kommt, Jesu Leichnam vermisst und den Gärtner um Hilfe bittet. Liebevoll mit Namen angerufen, wendet sie sich

Jesus geradewegs zu, *erkennt* ihren Lehrer, schaut ihn lebendig, ihr zugewandt, und hört, dass er sie zu seinen "Brüdern" schickt. (Joh 20,15ff)

Es bedarf eines eigenen, neuen Seh-, Erkenntnis- und Hörvermögens, um den trotz Kreuz und Tod lebendigen, Gesetz und Verheißungen neu auslegenden, Jünger, Jüngerinnen aussendenden Jesus zu erkennen.

Diese Tatsache ist denen fremd, die "draußen" bleiben, in Desinteresse, gar Ablehnung verharren, sie halten Jesu Auferstehung für "töricht" (1Kor 1,18-25) oder ausgemacht ideologisch.

Sie haben nie erfahren, dass gläubiges Vertrauen Blinde sehend macht, ja dass es - mal wie eine Lupe, mal wie ein Teleskop - Spuren, Vorgänge, ja Wunder Gottes durch Jesus deutlich vor die Augen des Herzens bringt.

Das symbolische Unter-Wasser-Getauchtwerden, die Übergabe des Lichts in Gestalt von brennender Kerze, der Gehör und Mund öffnende Effata-Ritus am Ende der Taufhandlung will sagen, der getaufte Mensch sei mit Schauen und Hören Gottes begabt worden, wie es Jesus selbst bei seiner Taufe im Jordan zuvor - bei seiner Berufung - widerfuhr.

Spätgeborene Christen können den Glauben nur leben, wo sie, ihre Taufe *ratifizierend*, erkennen: die Welt, das Leben in der Welt ist für Glaubende verändert, wird durchsichtig für Wahrheit und Wirken der Frohen Botschaft, ihrer Zeuginnen und Boten.

Der Glaube gleicht einer unvergleichlichen Lichtquelle oder wirkt wie ein Okular, ein Objektiv, zuweilen wie eine Art Prisma.

Nachfolgende Beiträge sind vielleicht geeignet, an bekannten Themen und Beispielen Ausblicke auf den "neuen Himmel und die neue Erde" schon hier und jetzt, in der oft irritierend-bedrückenden Gegenwart und Welt zu eröffnen.

Sie erschließen sich meditativer Lektüre - einer Art geistigem Pilgerweg.

*Heidelberg im Januar 2025*                    *Klaus P. Fischer*

# Inhalt

## DER ERSTE KONTAKT (s. Mk 1,15)

Wir alle kennen das Wittern, das Beriechen von Säugetieren, denen wir nahekommen: ob Hunde, Katzen, Kühe oder Schweine: ihnen genügt der bloße Augenschein nicht, wo sie Menschen begegnen. Wenn sie näher kommen, tun sie es, um mit der Nase zu riechen, zu wittern. Der Geruch entscheidet, ob sie bleiben oder sich davonmachen. Sie *erkennen* das andere Wesen, das Tier, den Menschen, indem sie *Witterung* aufnehmen.

Je nachdem wie die Witterung ausfällt, bleiben sie da, wenden sich ab, suchen das Weite.

Wir Menschen verhalten uns oft vergleichbar. Treffen wir mit anderen Menschen zusammen, handeln wir ähnlich: wenn der/die Andere etwa unangenehm riecht, zucken wir zurück, brechen sobald möglich den Kontakt ab oder lassen es erst gar nicht dazu kommen. Die Rede "ich kann den/die nicht riechen" heißt: er/sie hat etwas an sich, das mich abstößt; ich kann ihren/seinen Geruch nicht leiden, die Anwesenheit, "Art" nicht ertragen.

Dieser Geruch kann massiv sinnlich oder eher seelisch-geistig, atmosphärisch sein.

Sollen wir mit jemandem zusammenkommen, erwarten wir zumindest, dass wir keinen abstoßenden Geruch, keine düster-feindselige Atmosphäre verspüren, die uns einengt, gar abstößt.

Jeder Mensch macht die Erfahrung, dass er erst nach Verlassen des Dunstkreises um einen bestimmten Menschen wieder frei atmen, durchatmen kann. Es muss nicht einmal dieser Mensch sein, der uns abstößt, den wir nicht riechen können - es kann auch ein Mensch bei ihm, die Familie, sein Freundeskreis, einfach die Luft um ihn abstoßend, unerträglich oder, im Gegenteil, eben angenehm, anziehend sein, sodass wir verweilen.

Auch bestimmte Orte können uns mit ihrer Atmosphäre abstoßen oder anziehen.

Wenn wir fremden Menschen begegnen, reagieren wir unwillkürlich: wir nehmen Witterung auf, versuchen zu riechen, zu erschnüffeln, ob "die Luft rein" ist. War die Begegnung wohltuend, ein Gespräch "angenehm", meinen diese Beiwörter nicht einen Sachverhalt, vielmehr das pure Miteinander, die Atmosphäre.

Die Menschen gewahren es täglich etwa bei Mannschaftssportarten oder mit Kollegen, Kolleginnen bei der Arbeit, wenn sie bemerken: mit ihm, mit ihr "kann ich" zusammensein, arbeiten, etwas erreichen, mit anderen nicht. Wir alle erhalten beizeiten eine Witterung in die Nase, die uns Wohlfühlen beschert oder eher zur Flucht reizt.

Doch ist es beileibe nicht nur der andere Mensch, der auf uns wirkt. Es kann der Raum, das Haus, der Ort, die Nachbarschaft, ja die Luft sein, die uns anziehen oder abstoßen.

Sind wir unsicher, ob eine Umgebung, ein Ort, eine Gesellschaft uns ´gut tut`, versuchen wir, wo immer möglich, eine Vorauserkundung; beschnüffeln den Ort, die Einrichtung, die Umgebung, die Leute am Ort. Wir mühen uns, die Nase in die lokale Atmosphäre zu halten, ob sie uns ´schmeckt`, "gut tut".

Die Witterung, die wir am Ort, bei einer anderen Person aufnehmen, ist nicht wirklich *objektiv*. Es dreht sich hier gerade nicht um das Objektive, sondern um jenen durchaus subjektiven Akt einer Geruchswahrnehmung. Nicht nur Tiere erkunden witternd mit der Nase ihre Umgebung, aufrecht gehende Säugetiere tun es auch: ob und wie er, sie, es uns "schmeckt".

Die *altgriechische Sprache* hat diese unsere Eigenart aufgenommen und bewahrt. Dies fand der bekannte Philosoph und Gräzist *H.G.*

*Gadamer* heraus, als er sich um ein Verstehen der vorsokratischen Denker bemühte.[1]

Unter ihnen formuliert *Parmenides* eindringlich seine Einsicht: "*to autò estin einai te kai noein*". Diese wenigen Worte - bei *Parmenides* ein zentraler Satz - zutreffend zu übersetzen ist entscheidend. Eine verbreitete deutsche Übersetzung sagt "Dasselbe ist Sein und Denken".

Abendländische Tradition liest aus dem Satz, dass menschliches Denken ursprünglich auf *Sein* bezogen sei, d.h. auf etwas, das "ist", das *real* ist.

Aber wie soll *Parmenides* (6.-5. Jh vC), ein philosophischer Anfänger, auf so einen zentralen, zugleich abstrakten Satz gekommen sein?

*Gadamer* hält ihn für eine Formulierung *Platons* (5. Jh), die dem *Parmenides* unterstellt wurde.

Das Rätsel löst sich, wenn man die griechischen Worte ursprünglich bedenkt. Da zeigt sich, dass *noein* ursprünglich meint: etwas *wahrnehmen, wittern*!

Ein Tier versucht zunächst, das Gegenüber (Objekt, Tier, Mensch) durch *Witterung* in die Nase zu bekommen: es wittert, *ob* oder *dass* da etwas ist, ehe es Augen und Ohren traut.

Menschen verhalten sich im Grunde ähnlich. An einem fremden Ort, vor einem anderen Menschen ziehen wir unwillkürlich und unbewusst die Luft durch die Nase ein: wir *wittern*.

Das griechische Verb dafür heißt ursprünglich *noein* oder *hyponoein*.

---

[1] In: Der Anfang der Philosophie (Stuttgart 1996), 143-145; 151; 167f; dazu *Passow, F.,* Handwörterbuch der griech. Sprache II (Leipzig 1831): μετά, νοῦς, νοεῖν, μετανοεῖν

Das zugehörige Substantiv aber ist *Nóos*, attisch *Nûs* (griechische Schreibweise: νοῦς)

Das Wort besagt Sinn, Neigung, sekundär auch Verstand.

Das klingt ähnlich dem englischen Hauptwort "nose" - im Deutschen "Nase", lateinisch "nasus", italienisch "naso", französisch "nez".

Nehmen wir zur Kenntnis: Nicht nur etwa im Hebräischen, auch im indogermanischen Sprachraum bewahrt der *Konsonantenbestand* eines Wortes die *Sinn*-Wurzel; Vokale stehen für Bedeutungsvarianten.

So fällt auf, dass das griechische Nomen *Nūs* ('Verstand') und das dt. bzw. engl. *Nase* / *Nose* den selben Konsonantenbestand N + S haben. Vokale sind sekundär, wie etwa auch das schwäbisch-alemannische *d`Nôs* (die Nase) zeigt..

Im Deutschen haben wir für jemanden, der/die etwas leichter, schneller oder besser erkennt als andere, den Ausdruck: *Er/sie hat eine Nase für ..., hat es gerochen, gewittert.*

Wenn jemand etwas schneller erkennt als andere oder vor einer anspruchsvollen Situation rasch die passende Einstellung findet, sagt man: er/sie "hat einen Riecher" für ...

Findet jemand ohne Mühe die rechte Einstellung zu einer Situation oder Aufgabe, sagt man gern, sie oder er habe "eine Nase" für ...

*Wittern* meint folglich eine unmittelbare Wahrnehmung, die jedem *Nach*-denken, jeder begrifflichen Erfassung einer Sache oder Realität voraus ist. Ein solcher Mensch w e i ß oder *spürt* ohne Erklärung oder Ableitung, "was Sache ist".

*Wittern* und *wissen* haben zudem die selbe Wurzel.(vgl. *witan* altengl./ gotisch für wissen).

Der oben zitierte Satz des *Parmenides* meint daher etwas ganz Schlichtes:

wenn ich etwas wittere, ist da auch etwas - anders bekäme ich keine Witterung in die Nase. Wittern kann ich nur etwas, das *da* ist, das *etwas ist*.

Das hat auch *welt-anschauliche* Bedeutung: ob da etwas ist, ob überhaupt etwas ist, weiß ich nicht durch Denken oder Spekulieren - *ich wittere es*: ein "ist". "Da ist etwas!"

Die Ergründung des griechischen Wortes "Nûs" (*Nous*) hat Konsequenzen *auch* für den Glauben und das Verständnis der Bibel.

Mag es auch ungewohnt klingen: *auch der Glaube wittert und riecht*, was wahr und wirklich ist, was etwa Jesu Evangelium will und bringt.

Was der gläubige Mensch wittert, heißt in biblischer Sprache zunächst *ruaḥ* (hebr) und *pneuma* (griech). In beiden Sprachen meint das Wort *ruaḥ* oder *pneuma* zunächst einen Hauch: den Hauch des Mundes und/oder den Hauch des Windes: einen Lufthauch, der in die Nase einschwebt und der Witterung Kunde gibt. "Ich rieche es" oder "ich kann es riechen" sagen wir, um auszudrücken, dass uns etwas völlig gewiss ist, unzweifelhaft da ist.

Negativ sagen wir etwa, wir könnten geradezu riechen, wittern, durch die Luft merken, dass etwas eine bestimmte Bewandtnis hat oder dass etwas nicht stimmt, auch wo anders geredet wird.

Dinge und Realitäten haben also ein Wesen, das sich *zuvörderst und grundlegend als Hauch und Geruch* unserer *Nase* mitteilt.

So verstanden ist der "liebe Gott" für suchende Menschen auch, womöglich primär ein Geruch, ein Geschmack, das Evangelium (*Eu-*

*anggelion*), insofern es *gute* oder *frohe* Botschaft ist, primär ein Wohlgeruch, ein Wohlgeschmack.

Diese Art Klärung kann auch helfen, Wahrnehmung mit den "geistlichen Sinnen" (wovon christliche Mystik redet) besser zu verstehen. Ermuntert uns ja die Hl. Schrift, zu kosten, zu schmecken (*ta$^c$m*, gr. *geúein*) und darin zu "schauen" (gr. *ideîn* ), wie gut/ bekömmlich (*tov, chræstós*) JHWH-Gott ist, d.h. wie wohl-schmeckend er ist (Ps 34,9).[2]

Der frühchristliche Theologe *Origenes* verweist auch auf Spr 2,5, wo - zumal im griechischen Wortlaut - vom "Innewerden Gottes" oder "Gespür für Gott" (gr. *epígnôsis theoû*, hbr. *da$^c$at Elohim*) die Rede ist: von "Wahrnehmung" Gottes, von einem "Sinn" für Gott, wie er übersetzt.

Konsequent erweiternd spricht *Paulus* auch vom "Wohlgeruch Christi" und vom *Duft* (ὀσμή) der Christus-Erkenntnis (2Kor 2,14-16).

Auch bezeugt ein Johannes-Schüler den *Logos, der von Anfang an war*, den wir gehört, mit unseren Augen gesehen, *mit den Händen betastet haben* (1Joh 1,1) - fordert im Evangelium Jesus ja die Menschen auf, das *wahre Brot vom Himmel* zu *kosten* (Joh 6,32ff; vgl. Ps 34,9).

Altarschmuck wie Blumen, Weihrauch und brennende Kerzen heben den "Wohlgeruch Christi" und des Evangeliums eigens hervor.

Gehen wir einen Schritt weiter: Das griechische Nomen *nûs*, wortverwandt der Nase, hat - wie erwähnt - ein ihm zugehöriges Verb: *noeîn*. Seine Grundbedeutung ist *wahrnehmen, wittern, sich bewusst werden, dass da etwas ist*.

---

[2] "Der Psalmist scheut sich nicht, das sinnenhafte Wort ´kosten, schmecken` auf die Güte Jahwes ... zu beziehen": *A. Deissler*, Die Psalmen (Düsseldorf $^2$ 1979), 141

Denken, Verstehen, Erkennen sind abgeleitete, *sekundäre* Bedeutungen. Uns interessiert hier die *Grundbedeutung*: durch die Nase (nûs) wittern, wahrnehmen, wie zuvor erklärt.

Wenden wir uns, so vorbereitet, jetzt einem abgeleiteten Verb zu, das der Evangelist *Markus* an herausgehobener Stelle verwendet.

Nach dem Ausfall des Täufers sei Jesus nach Galiläa gekommen, und zwar als Verkünder der Froh- oder Sieg-Botschaft (= Evangelium) Gottes:

"Die Zeit (*kairós*) ist erfüllt, herangekommen das Königtum Gottes: *Kehrt um* [3] und glaubt der guten (d.h. Sieg-) Botschaft! (Mk 1,14f).

Richten wir unser Augenmerk auf das Verb! Für " Kehrt um!" steht griechisch der Imperativ Plural *metanoeite* (μετανοεῖτε) - das einfache Verb *noeîn* = wahrnehmen.trägt hier noch das Präfix *metá*. Das Wörterbuch übersetzt das Verb *metanoeîn* im Grundsinn mit "hinterdrein verstehen oder wahrnehmen". Man muss achtgeben, hier nicht zu rasch intellektuell zu übersetzen (etwa nach Art altgriechischer Philosophie). Die den Akkusativ mitführende Präposition *metá* meint *danach, darauf, hinterher* - eine *zeitliche* Aufeinanderfolge.

Die übliche Bibelübersetzung "Bekehrt euch!" ist zu rational. Jesus spricht hier (Mk 1,15) zu traditionell gläubigen Juden. Ihre Idee und Vorstellung vom *Messias* sind vorgeprägt.[4]

---

[3] So übersetzen kath. *Einheits*übersetzung, das *Wilckens*-NT, *Fridolin Stier*, *Münchner* NT (Stud.-Übers.), während *Luther*- u. *Zwingli*-Bibel "tut Buße!" übersetzen; ähnlich das New Testament der *Bible Societies* oder die *Bible de Jérusalem* ("repent!"/"repentez-vous!")

[4] Übersetzer und Erklärer orientieren sich an Mk 1,4, wo *metánoia* in Zhg mit der Johannestaufe sich auf "Sündennachlass" bezieht, übersetzen Jesu Ruf als Buß-Ruf. *Sie übersehen*, dass der Täufer explizit auf den "Stärkeren", Würdigeren *nach ihm* hinweist, der "mit heiligem Geist" taufen werde (Mk 1,7f). Jesu Aufruf in 1,15 fordert zwar "metanoeîte!", lässt die "Sünden" jedoch unerwähnt.

13

Ihnen wird mit der Aufforderung *metanoeite* von Jesus zugemutet, *seine* Kunde oder Bekanntmachung neu, noch einmal (nämlich: *anders*) wahrzunehmen, nämlich: die ihnen bereits bekannte Messias-Botschaft (von der *basileía tou theoû, Gottes Königtum*) neu zu wittern, erneut in die Nase zu ´ziehen`, zu nehmen, ihren Geruch, ihren Geschmack neu zu ´riechen`, zu schnuppern, wie sie schmeckt.

Jesus wendet sich ja nicht primär an Intellektuelle, an Philosophen oder Wissenschaftler, die seine Worte sezieren, sondern an Leute, die sich mühen, den Alltag zu meistern und auf Gottes Rettung aus der bedrückenden Fremdherrschaft hoffen. Die Menschen sind müde vom Warten und Hoffen, niedergedrückt von Ohnmachts- und Umsonst-Empfindungen. Die führenden Kreise sind zerstritten und scheinen nur Durchhalteparolen zu kennen.

Auf das (neu aktivierte) Wahrnehmungs-, Witterungsvermögen der schlichten Frommen setzt Jesus. Die anfangs nur zögernd aufbrechende, in Krisen geratende, im Ostergeschehen aber sich erstaunlich bewährende *Wahrnehmungs- und Verstehensfähigkeit der Jünger und Jüngerinnen* beweist einen erregenden "Sinn für Gott", der die zweitausendjährige Geschichte christlichen Verkündigens und Lebens begründet.

Hätten Jesu Botschaft und Schicksal einen schal-abstoßenden Geruch oder Geschmack (wie anfänglich für manche Jünger: vgl. Joh 6,60. 66-71), würden sich nicht bis heute junge Menschen immer wieder neu für den verheißungsvoll-vielversprechenden Duft des Evangeliums öffnen..

# VON DER ART GOTTES

Manche Menschen finden wenig Sinn darin, an Gott zu *glauben*. Sie möchten Gott, falls es ihn gibt, *erfahren*.

Es mag überraschen, dass die Bibel selbst Hinweise dazu enthält.

Nehmen wir den 72. Psalm. Er kündet den Messias an mit starken Worten: "Er wird Recht verschaffen den Gebeugten im Volk, Hilfe bringen den Kindern der Armen, er wird die Unterdrücker zermalmen".

Das hört sich ebenso großartig an wie gewaltig, ja gewaltsam - so wie manche Leute sich eine "Änderung der Strukturen" und der Verhältnisse vorstellen. Im Alten Orient - aber ist es heute anders? - konnte man sich die durchgreifende Änderung der Verhältnisse nur mit Anwendung von Gewalt vorstellen: mit entschlossener Ausschaltung erwiesener Bedrü-cker der Armen und Schwachen.

Aber der Dichter ist erfahren und weise. Bereits zwei Verse weiter heißt es:

"Er (der Erlöser) ströme wie Regen herab auf die Felder, wie Regenschauer, die die Erde benetzen".

Der Vers ist vielleicht von einem Bildwort beim Propheten Jesaja angeregt: "Tauet, ihr Himmel, von oben! Ihr Wolken, lasst Gerechtigkeit regnen!" (Jes 45,8).

Achten wir auf die Sprache! Das Gewaltsame ist verschwunden: das Handeln Gottes, das die ungerechte, bedrückende Welt verändert, soll sich *wie Tau auf die Erde legen,* wie ein leichter Regenschauer das ausgetrocknete Erdreich benetzen.

Wir kennen das von warmen Frühlings- oder Sommertagen, wenn es nicht vom Himmel schüttet, sondern Regen in einer leichten Brise herangetragen wird, die Gesicht und Erde befeuchtet.

Es ist eine wunderbare Sanftheit, die das Bild prägt.

Von der Gewalt, mit der Menschen zwanghaft die Welt verbessern, ihre Verbesserung erzwingen wollen, ist Gottes Handeln in Wunsch und Erfahrung des Dichters weit entfernt. Gottes Handeln, die das Recht bringende Erlösung gibt sich zu erfahren wie ein wohltuend sanfter Regenschauer.

Gott zwingt uns nicht und zwingt uns zu nichts.

Wer oder was zwingt oder sich als Zwang auf uns legt, hat jedenfalls nicht die Art, wie Gott zu uns kommt, zu uns in Kontakt tritt.

Das zeigt sich auch etwa in der österlichen Begegnung der Jünger mit dem vom Tod erstandenen Meister.

Das Johannesevangelium erzählt, wie Jesus durch die Mauern und verschlossenen Türen zu ihnen kommt. (Joh 20,19ff)

Er bringt nicht die Mauern zum Einsturz, rennt nicht die Türen ein, hinter denen die Jünger Schutz suchen, und reißt die Schlösser nicht ab.

Diese alle bleiben unangetastet - dennoch ist der Erlöser da - *ist da* mit dem entscheidenden Wort "Fürchtet euch nicht!"

Da klingt mit: Ich tue euch nichts zu Leide! Ich zwinge euch zu nichts, vielmehr: "Friede sei euch!" Aber *Ich bin da, mit euch, bei euch*!

Und er haucht sie an und spricht dazu: "Empfangt den Heiligen Geist!"

Sanft wie einen Anhauch erleben wir die Veränderung, die Gott uns schenken will. Begegnung mit Gott ist so leicht, so sanft wie Ein- und Ausatmen ..., wie das Leben selbst, das uns trägt, in dem wir ruhen.

Oder wie eine zarte Regenbrise, die das trockene, verdorrende Land unserer Seele benetzt und erfrischt.

Sie kann das allerdings nur, wenn wir uns ihr ohne Schirm und Schutzdach aussetzen. Dann kann die Wüste blühen, wie der Prophet es ansagt (Jes 35,1).

# DIE HEILUNG VON BLINDHEIT

Es ist auffällig, wie häufig die Evangelien von Jesu Begegnung mit Blinden und von der Heilung blinder Menschen erzählen. Geradezu typisch die Heilung des blinden Bettlers *Bartimäus*, der inständig um die Wiederherstellung seines Augenlichts bettelt und den Jesus heilt aufgrund des tiefen Vertrauens, das den Mann belebt. Er heilt ihn nach dessen ausgesprochem Wunsch, (wieder) sehend zu werden, sehen zu können. Ausdrücklich wird anschließend vermerkt, dass der sehend Gewordene nun Jesus "auf dem Weg nachfolgte" (Mk 10,52).

Die vielen Blinden an Jesu Weg im Evangelium sind Stellvertreter für alle Menschen, die Jesu Weg kreuzen oder an ihm ausharren. Entsprechend geht es mit Taubstummen und Gelähmten. Sie sind *Symbole für die Behinderung vieler Menschen vor Jesus*, vor dem Evangelium und seinem Verkünder. In ihnen könnten die Menschen einer jeden Zeit sich wiederfinden - und eine ungeahnte Überraschung erleben.

Ein Theologe fasste sie einmal wie folgt zusammen:

"Gottes Wort" ist "ein Licht ..., das von Gott ausstrahlt. So bekommt die Welt für uns ein anderes Gesicht ...Die Welt ist ja, wenn auch unverstanden, schon Anruf, Anfrage Gottes".

Das soll heißen: In der Begegnung mit der Wirklichkeit, mit der Welt, wie sie uns entgegentritt oder wie wir sie vorfinden, erfahren und empfinden wir uns immer neu angerufen, angefragt. Das biblische Gotteswort will "Sprachhilfe sein, ... Sprachhilfe zum Leben",* ja zuvor *Seh-Hilfe* zum Leben in dieser so oft unverstandenen, unverständlichen Welt.

Nehmen wir die biblische Botschaft von der *Schöpfung*, von der *Erschaffung* der Welt durch den biblisch bezeugten *Gott*, den Gott des Alten und des Neuen Bundes.

---

* *G. Ebeling*, Das Wesen des christlichen Glaubens (Tübingen 1959), 255

18

Sie ist keine "Theorie" über die Welt, vergleichbar jener der antiken Metaphysiker, und auch kein bloß pädagogisches Konzept, wie europäische Aufklärung (*Lessing*!) dachte.

Wenn man von Gottes "Offenbarung" spricht, meint man allem zuvor *die Beziehung, die Gott zu den Menschen aufnehmen will* dadurch, dass Er uns *sich selbst eröffnet*.

Gott öffnet sich uns, damit wir vertrauen, Vertrauen in ihn setzen; damit wir, auf Vertrauen gegründet, die Welt und unser Dasein in ihr *neu sehen*: sie *in seinem Licht sehen*.

Diesen Hinweis sollten wir für uns buchstabieren. Wenn wir von *Schöpfung* sprechen, soll es bedeuten, dass wir unser Dasein in der Welt neu sehen: es nicht in unserem, sondern *in seinem Licht* sehen *lernen*.

Der Begriff *Schöpfung* ist daher unser menschliches Echo darauf, dass uns mitten in der Welt *Gott widerfahren* ist; ist unsere Antwort darauf, dass Gott uns seine Spuren, helfende Spuren sehen lässt.

Das ist für ein Verständnis der sogenannten Schöpfungsgeschichte der Bibel zu bedenken. Ein Begriff wie *Schöpfung* will uns teilgeben an der *Beziehung zu Gott*.

Man erkennt dies gut in biblischen Gottesdienst-Liedern wie den Psalmen des Alten Israel.

Psalm 104 beginnt etwa so: "Lobe den Herren, meine Seele! Herr, mein Gott, wie groß bist Du!"

Er geht weiter: "Du hast die Erde auf Pfeiler gegründet ..., einst hat die Urflut sie bedeckt wie ein Kleid, standen die Wasser über den Bergen. Sie wichen zurück vor Deinem Drohen ... Da erhoben sich Berge und senkten sich Täler an den Ort, den Du für sie bestimmt hat ..."

So werden nacheinander wesentliche Aspekte der vorfindlichen Welt genannt und *als Schöpfung gepriesen.*

Ähnlich der Lobpreis in Psalm 8: "JHWH Adonaj, wie herrlich ist Dein Name auf der ganzen Erde ...!"

Die Welt, in der wir leben, wird *innerhalb der Beziehung zu Gott* auf solche Art gepriesen.

Außerhalb dieser glaubend-vertrauenden Gottesbeziehung erscheint die Welt anders, als lebensgefährliches Tohuwabohu, als bloßer Tummelplatz für Aggressionen, Wut, Krieg, Zerstörung, gebunden an das Gesetz unaufhörlicher Rivalität und Parteilichkeit.

Viele Menschen sagen: so ist die wahre Welt! Gläubige würden wichtige Teile der Welt ausklammern, damit sie diese in rosafarbenem Licht sehen können. Aber in der "realen Welt" sei Gott zweifelhaft, unsichtbar, ja abwesend! Gläubige könnten nicht beweisen, dass die Welt von Gott geschaffen ist - der Augenschein spreche dagegen. Eher könne man glauben, dass die Welt vom Teufel geschaffen wurde.

Solchen Äußerungen ist nicht leicht zu widersprechen.

Doch mag ein Vergleich helfen.

Manche Lebewesen reflektieren sichtbares Licht oder sehen die Welt in ultrarotem Licht und sehen dann Details oder nehmen Realitäten wahr, die Menschen gar nicht oder nur undeutlich sehen.

Entsprechend können Christen sagen: wir sehen all das Trübe und Dunkle auch, aber wir sehen noch mehr, tiefer. Wir sehen zwar finstere, *widergöttliche* Mächte sich erheben und wirken (Kol 1,13; Eph 1,20-23; 2,2-5). Doch schenkt uns der Glaube zudem ein überhelles Licht, sodass wir die Welt *auch* und *tiefer* als *Gottes* Werk erkennen, mehr: dass wir *hinter* dem Vordergrund-Geschehen

*Gottes Werk* sichten: mehrdeutig, in Spuren von wunderbarer Diskretion, geöffnet für geduldig forschende Augen.

Fragt man: Ist die Schöpfungsbotschaft auch *objektiv* wahr?, lautet die Antwort: Ja, sie ist objektiv wahr, doch bedarf es eines eigenen Sehvermögens, der vorausgehenden Heilung von natürlicher Blindheit, jene Heilung, die das Evangelium menschlichen Augen schenkt, die sie suchen.

## VON DER GÜTE DER SCHÖPFUNG (Joh 6,5-15)

Viele finden es schwierig zu glauben, Gott habe die Welt *gut* geschaffen. Was denn "gut" sein soll an der Welt, fragen sie, wenn sie durchprägt ist von "Fressen und Gefressenwerden", von einem Gesetz, das unter Tieren gilt, zwischen Menschen und Tieren, ja zwischen den Menschen selbst.

Schaut man in die Bibel, gewahrt man: Die biblischen Schriftsteller rangen mit dieser Frage schon vor Jahrtausenden. Je mehr den Gläubigen aufging, wer Gott ist und wie seine Art, desto schärfer empfanden sie die Kluft zwischen dem Schöpfer, gar Bundesgott und dem Zustand der Welt, seiner Schöpfung. In der Geschichte des oft bundesbrüchigen Volkes mit seinem Gott mühten sie sich zu erkennen, wie Gott mit dem Bösen der Menschen rang und ringt, wie er durch je und je erneutes Erbarmen das Volk rettete und ihm je neue Lebenschancen öffnete. Die stets wiederkehrende Erfahrung der Menschen Israels rang sich zu der Einsicht durch: das Böse kommt von Menschen. Von Menschen, die den von Gott gebahnten Lebensweg vergaßen, missachteten, gar verwarfen.

Die *Sintflut*erzählung ringt mit der todernsten Auseinandersetzung der gequälten, weinenden Menschheit mit ihrem Schöpfer und Retter-Gott. In ihr nimmt Gott die Schuld an der gequälten Schöpfung auf sich: er selbst habe versagt, der Mensch - sein Geschöpf - sei böse von A bis Z, könne also die Welt nicht gut, noch nicht einmal besser machen. Daher sei es an der Zeit, sie zu vernichten, um diese ganze Qual zu beenden.

Doch entdeckt Gott in seiner bösen, dem Verderben geweihten Schöpfung einen zwar kleinen, jedoch guten Rest. Es ist der gottesfürchtige *Noach* mit seinen Angehörigen.

In *Noachs Treue* erkennt der Schöpfer jenen guten Rest, der ihm (menschlich gesprochen) zu einem neuen Anfang mit seiner doch nicht völlig missratenen Schöpfung gleichsam Mut macht. *Noach* ist also Gottes Gewähr für den schöpferischen Neubeginn aus *fast* Nichts. *Noach* ist die Gewähr, quasi der Prototyp für die *gute* Schöpfung *am Ursprung*.

Am und im *Menschen selbst* soll die Güte der Schöpfung sich zeigen und realisieren.

Nachdenkliche fragen natürlich, ob diese Annahme realistisch ist, und mögen aus ihren Erfahrungen folgern, sie sei eine Illusion. So denkt auch die Bibel. Deshalb entwickelt sie die Hoffnung auf die zu erwartende Erschaffung "eines neuen Himmels und einer neuen Erde" (Jes 65,17; 2Petr 3,13; Joh-Apk 21,1): einer anderen, friedlich-lebensfreundlichen Welt, in welcher der Tod nicht mehr als allmächtig gilt und ihm nicht mehr gehuldigt wird.

Solches Umdenken könnte uns Modernen womöglich leichter fallen als den fernen Vorfahren, wissen wir doch heute auch dank außerbiblischer Quellen, dass unsere Welt nicht fertig ins Dasein trat, sondern sich in unvorstellbar langen Zeiträumen allmählich zum heutigen Zustand entwickelte, der jedoch auch ein Durchgangsstadium bildet.

Das Wohin der biologischen Evolution ist, wie die geschichtliche Zukunft der Menschheit, wissenschaftlicher Prognose verhüllt oder nur in groben Umrissen zugänglich.

Doch nehmen wir wahr: "Ehrfurcht vor dem Leben" (*Albert Schweitzer*) sprießt zaghaft, aber doch sicht- und spürbar aus dem Boden, will sich einwurzeln in Bewusstsein, Herz und Gemüt von zunehmend mehr Individuen und Völkern.

Pflanzen und Tiere, von der Bergpredigt gewürdigt, mit denen auch ein *Franz von Assisi* sich ergreifend befreundete, werden als

Mitgeschöpfe eigener Art im Glauben vieler Christen neu bewusst und im Bewusstsein vieler Nichtgläubiger neu gewürdigt.

Ein Impuls zu weltweit ausgreifender, kreatürlicher Solidarität erwacht und kämpft, wiewohl mühsam, sich voran.

Da erwacht die Frage, ob sich hier etwas ereignet, entwickelt, das Jesus, im Gebiet von *Tiberias* zugange, mit seinem Selbsteinsatz und Leben bezeugt.

Er gibt den suchenden Gläubigen *sich selbst* zur Speise (Joh 6,35), lehrt die ihm Nachfolgenden, es ihm gleich zu tun: Menschen, die hungern nach Brot und Leben, *sich selber* mit-zu-teilen, sie *so* zu sättigen.

# "ALLER AUGEN WARTEN AUF DICH, HERR!"

Die Erzählung aus dem 6. Kapitel des Johannesevangeliums wird gewohnheitsmäßig "Die wunderbare Brotvermehrung" genannt". Wer sie hört oder liest - sie kommt in allen 4 Evangelien vor -, mag bei sich denken: *Das waren noch Zeiten!* Oder: *Das sollte Jesus heute einmal machen! Die Menschheit hätte ausgesorgt!* Oder: *Wie hat er denn das gemacht?!*

Nirgends freilich sagt ds Evangelium, Jesus habe die fünf Brote und die zwei Fische *vermehrt,* nämlich *vertausendfacht.* Wir lesen ja, es seien 5000 Männer gewesen (nicht gerechnet die vielen Frauen und Kinder - sie wurden nach damaligem Brauch nicht eigens benannt).

Von den Fischen ist hernach nicht mehr die Rede, nur von Brot-stücken.

Wovon ist dann die Rede?

Christen haben einmal gelernt oder sich vorzustellen versucht: ´Gott kann alles`!

Mit dieser Vorstellung gehen wir an den Text und mutmaßen vielleicht: Er wird wohl "aus Nichts" zusätzliches Brot geschaffen haben ...

Auch ist von 200 Denaren die Rede. *Ein* Denar war der Lohn eines Tagelöhners. Jesus hätte ja - denkt mancher - auch das Geld vermehren und an die Leute austeilen können. Aber diese Idee taucht beim Erzähler nicht auf. Jesu Ansatz ist offenbar der zufällige Vorrat oder Proviant, den ein Junge bei sich hat: fünf Brote, zwei Fische.[*]

---

[*] Brot und ein Stück gesalzener Fisch machten damals eine Abendmahlzeit (die Haupt-mahlzeit!) aus

Eingangs der Erzählung ist - scheinbar nebenbei - von "Zeichen" die Rede: die Leute seien Jesus gefolgt,, "weil sie die Zeichen sahen, die er an den Kranken tat".

Der Ausdruck "Zeichen" - typisch für das Joh-Evangelium - fordert auf, schärfer hinzusehen, tiefer zu sehen, durch die Wand des Alltäglich-Zufälligen, Vordergründigen hindurch zu sehen. Man soll ja - wie Jesus im Markusevangelium zu den Jüngern einmal sagt - "Augen haben zu sehen und Ohren zu hören"! (Mk 8,18)

Als Erstes verstehen wir: Das Wenige, das einer hat (hier 5 Brote, zwei Fische) reicht aus für viele.

Hintergrund des Evangeliums ist, außer der *Manna*-Speisung im Alten Testament, die Erzählung vom Gottesmann *Elischa*, der 20 Brote unter 100 Männern austeilt, wobei noch Brocken übrig bleiben.

Diese Erzählung vor Augen, sagt das Evangelium: Schaut her! Hier ist das, was *Elischa* tat, aber mehr noch als *Elischa*! Die *Zahlen* der *Elischa*-Erzählung werden überboten. Zahlen, welche (im Altertum beliebt) man symbolisch verstehen soll.

Dazu noch Hinweise.

Zählen wir *5* Brote und *2* Fische zusammen, erhalten wir *7*. Die *7* galt (in der Bibel, im Altertum überhaupt) als Zahl der *Fülle*, der *Vollkommenheit.* **

Zählen wir nochmals *5* hinzu (die "5" von den 5000), erhalten wir *12* - eine symbolische Zahl für die *Welt,* zugleich die Zahl Israels (12 Stämme!).

---

** Siehe "Lexika der Symbole"!

*1000* ist eine biblische Symbol-Zahl für Gott. Im Zahlenwerk des Evangeliums, verglichen mit der *Elischa*-Erzählung, spiegelt sich das *universale* Gottesgeschenk in seiner Fülle, seinem Überfluss!

Einen weiteren Hinweis entdecken wir in dem Wort "Brotstücke". Das griechische Wort dafür lautet genauer "das Gebrochene, die Brocken". Das Wort meint, dass Jesus gemäß der Sitte wie ein jüdischer Hausvater die Brotfladen brach oder zerriss und die Brocken herumreichte.

Wörtlich erinnert Jesus im Markusevangelium die Jünger: "als ich die fünf Brote *brach* für die Fünftausend" (Mk 8,19).

Ähnlich - sagt unser Text - habe Jesus es gemacht mit den 2 Fischen.

Als die Menge gesättigt war, habe sich herausgestellt, dass eine *Über*fülle von Brocken in *zwölf* (!) Körben übrigblieb.

An zentraler Stelle unseres Textes heißt es. "Es nahm Jesus nun die Brote [die fünf!] und als er das Dankgebet gesprochen hatte, übergab er sie den lagernden Leuten" (Joh 6,11).

Pragmatische Menschen sind so geartet, dass sie sich die Sache konkret vorstellen wollen: Jesus habe die fünf Brote tausendmal und mehr gebrochen (in winzige Teile, Brosamen, die niemanden satt machen?), und wunderbarerweise seien ihm die Brotstückchen nicht ausgegangen.

So erhielte die biblische Erzählung einen märchenhaften Zug, und die Erzählung wäre für uns Heutige zwecklos. Vielmehr sollen die Jünger verstehen, dass es auf den Akt des *Teilens*, des *Mitein-ander-Teilens* ankommt. Der Akt des Teilens, des Miteinander-Teilens soll vermehrt, vervielfacht werden: auf ihm liegt Gottes Segen.

Nur so wird verständlich, dass am Ende eine so große Menge (12 Körbe) von Brocken aufgesammelt wird: nicht nur Jesus, auch die Empfänger von Broten und Fischen haben miteinander geteilt!

Die Erzählung spricht von einem *Wunder*, das nichts Märchenhaftes meint, sondern etwas, das wir aus Erfahrung kennen: Feste, zu denen eine Anzahl Menschen eingeladen wird mit der Bitte, für die Verköstigung, fürs gemeinsame Büffet etwas mitzubringen, Eigenes beizusteuern. Oft bringen die Eingeladenen, wo sie nicht nur an sich, sondern auch an die übrigen Gäste denken, so viel mit, dass am Ende ein Berg, ein Überschuss von Speisen bleibt - und alle werden satt.

In noch radikalerer, wunderbarer Weise wird in der eucharistischen Mahlfeier Jesus selbst, dank seiner Lebenshingabe, uns zum Brot: er teilt mit uns - den "Vielen" - sein *Lebens*geschenk an zahllose Menschen aller Orte und Zeiten.

Hintergründig ist es Gott - der "Vater" -, dem er sein Leben übergab, damit Er es durch den "Sohn" (vertreten von einem Zelebranten) an die Menge der Hungernden austeile: als *Lebensmittel par excellence*.

Wir Hungernde empfangen dieses Lebensbrot dazu, um nun selber von unserem Lebensvorrat an Bedürftige auszuteilen, das heißt, selber zu *Hostien* zu werden.

Denn wir Menschen hungern alle nach nahrhaftem Brot (Speise), aber auch nach Stückchen von Gerechtigkeit, Güte, Verständnis, Freundschaft, Wohlwollen, Respekt; auch von Arbeit, von Frieden, ja von *Zeit*!

Zeit ist kostbar. Zeit-haben füreinander ist oft das kostbarste, unersetzliche Geschenk, das Menschen einander schenken können.

Ein Kirchenlied aus jüngere Zeit bringt es zum Ausdruck: *Wenn das Brot, das wir teilen, als Rose blüht ... Wenn das Leid jedes Armen uns Christus zeigt, und die Not, die wir lindern, zur Freude wird ...*

Eine Anekdote erzählt, der Dichter *Rainer Maria Rilke* habe zeit seines Aufenthaltes in Paris einer Bettlerin einmal statt eines Geldstückes eine frische weiße Rose in die Hand gedrückt. Die Frau nahm die Rose dankend entgegen, verschwand und ließ sich eine volle Woche lang nicht blicken. Als sie danach zurückkam und ihren Platz wieder einnahm, fragte *Rilkes* Begleiterin ihn, wovon die Frau, ohne Geld, eine Woche lang wohl gelebt habe. *Rilke* erklärte es ihr: *Von der Rose ...!.*

# TOD AM KREUZ – UND WIR

Immer wieder begegnet uns im Leben der *hässliche* Tod: der "ungerechte", "viel zu frühe", "grausame", "sinnlose" Tod.

Er stört kaum beantwortbare Fragen auf. "Warum ich?" "Warum sie/er?" "Warum muss ich/sie/er so viel, so lange leiden?"

Eine sehr alte liebe, gläubige Tante litt an Krebs. Sie wusste, dass sie bald sterben müsse. Ihre letzten Wochen waren bewegt von der Frage: Warum muss ich so viel leiden? Warum mutet der Hergott mir das zu? Ist es Strafe für etwas. das ich in meinem Leben getan oder unterlassen habe?

Vermag die Glaubensbotschaft, die biblische Gottesbotschaft darauf zu antworten, hat sie dazu Erhellendes zu sagen?

Wissenschaftler, Philosophen, auch Theologen zerbrechen sich seit langem den Kopf, ob die Welt von Gott geschaffen wurde oder von selbst entstand oder immer schon war. Damit verknüpft sei, meinen sie, die Frage nach Werden und Vergehen.

Nun ist die Bibel ein Lebensbuch, sie treibt keine abstrakte Spekulation, höchstens in Andeutung.

Dass die Erde wüst, leer war und ist, dass Fluten und Finsternis vordringen, erleben die von der Bibel angesprochenen Menschen in der Geschichte ihres Volkes, erleben es in ihrer, ja in jeder Geschichtszeit.

Die zentrale Frage der Menschen aus ihrer Ohnmacht ist diese: Schafft Gott *jetzt*, in der Gegenwart, im Laufe unserer Geschichte unsere Lage, unsere Situation neu oder um?

Wird, ja kann Gott in naher Zukunft ein heilvolles Miteinander von Israel und den Völkern ringsum heraufführen? Wird er den Droh- und Feind-Mächten wehren?

Schafft Gott *jetzt*, in der dunklen Gegenwart, unsere Welt neu? Wird er das Dunkel vertreiben, Licht in unser Leben bringen?

Tatsächlich erfuhren solches die Menschen der Bibel immer wieder, gaben davon immer wieder Zeugnis: in unserer Zeit und Geschichte schuf Gott die Welt, vertrieb die Finsternis durch Licht, zog Grenzen gegen überfluten wollende Mächte, ließ Lebensraum erstehen für unser bedrängtes, erwähltes Volk.

Gottes schöpferisches Heilshandeln erbat, erhoffte man von Ihm auch für die Zukunft, für "Himmel und Erde".

Diese Sicht leitet auch das Neue Testament. Heilungen von Blinden, Taubstummen und Gelähmten durch Jesus verstanden nachdenkliche Gläubige als je neuen Anbruch der heilenden Schöpfermacht Gottes: "ER hat alles gut gemacht!" (Mk 7,37; Jes 35,5f).

Wie aber steht es dann mit Kreuz und Kreuzigung Jesu?

Zunächst ist Jesu Tod am Kreuz ja ein Sieg der lebensfeindlichen Mächte, sinnbildlich dargestellt von der Finsternis, die bei Jesu Tod über die Erde kommt (Mk 15,33 Par). Damit dass sie den "Gerechten" erniedrigen, zerstören, dem Spott preisgeben, zeigen sie ihre Gewalt, unüberwindlich für die Opfer.

Damit ist ihr Werk jedoch getan und zuende.

Die Evangelien lassen erkennen, dass mit Jesu Tod am Kreuz (die römische Todesstrafe für Aufrührer) für die entsetzten Jünger das letzte Wort schon gesprochen war: der vermeintlich Gottgesandte war öffentlich und endgültig gescheitert, seine Ambitionen tot.

Was dann einbricht - jenes Widerfahrnis, das Christen an *Ostern* feiern - hat mit dem Denken der Menschen nichts mehr zu tun.

Gegen alle Erwartung und irdische Normalität erkennen die Jünger und bezeugen die frühen Christen: Gott selbst hat Macht und Gewalt von Unverstand, Hass, Vernichtungswillen begrenzt! Den *Gipfel* ihrer triumphierenden Macht - den Tod der Schande - ließ ER zu deren *Grenze* werden. Ließ die Macht der Finsternis ihre Energie am Kreuz sich abarbeiten, verbrauchen - und entlarvte ihren Siegesrausch als schlussendliche Ohnmacht.

Hier meldet sich Gottes Gericht über den Tod: "Tod, wo ist dein Sieg? Tod, wo ist dein Stachel?" (1Kor 15,55) lautet der Jubelruf der frühen Christen.

Darin kommt Gottes Sieg über den Tod auch zu glaubensoffenen Christen, entsteht mitten im Tal des Todes und seiner Schatten ein Weg, ein fester Grund, quasi ein Fels für die verheißene "neue Erde" und den "neuen Himmel".

*Paulus* handelt davon in seinem tiefgründigen Römerbrief. Unsere Taufe verbindet uns (sofern wir - als Erwachsene - sie bejahen, sie für uns ratifizieren) an der Wurzel mit Jesu Kreuz und Auferweckung so, dass wir den Keim des neuen, todüberhobenen Lebens bereits hier und heute in uns tragen (Näheres in Röm 6).

Der Lebensweg gläubiger Menschen führt auch sie, wie der 23. Psalm sagt, durch die Schlucht der Todesschatten. Wiederholt erleben sie, wie die Mächte von Tod und Finsternis sich ihrer bemächtigen wollen. Krankheit, Feindschaft, Resignation, Verbitterung, Hass und Zerstörungswut sind Felder, wo lebensfeindliche Macht sich zeigt, jene Macht, die auch Jesus ans Kreuz brachte - und uns mit ihm.

Der christliche Lebensweg ist Chance und Gnade, den Schritt des Glaubens, Vertrauens zu wagen oder ihn je zu erneuern: den Schritt auf Den hin, der über die Wasser des Todes schreitet.

Mögen in unserem Lebensgang auch die Mächte von "Flut und Finsternis" ihr lebensgefährliches, ja zerstörendes Wesen auftun und treiben - durch vertrauenden Glauben erfahren wir: Gottes *Heilkraft* und Heilsmacht sind stützend, aufrichtend am Werk bis in den Augenblick, da wir die Augen schließen.

Der Gekreuzigte, der im finsteren Garten Getsemani sich Gott überließ, dem "Vater", der den am Kreuz Sterbenden an sich zog, dieser Jesus als erschienener und erscheinender ist die Gewähr für den gottgewollten Sieg des Lebens und des Lichtes auch im Dunkel von Tod unf Todesgefahr. Wird uns doch gesagt, ja eingeschärft: Gott ist kein Gott von Toten, sondern von Lebenden! (Mk 12,27).

Anders gesagt: Die Erfahrung, dass - aller Irritation und Sorge zum Trotz - der Gekreuzigte *lebt* in den guten Worten und Taten so vieler seiner Jünger, der Christen: Männer, Frauen, ist Erfahrungsbeweis und Bürgschaft dafür, dass Gottes Schöpfertum *Engagement für das Leben* ist, dass es auf Heil und Heilung sinnt und sie durchsetzen will.

Mit anderen Worten: unsere Auferweckung aus dem Tod wird die *Vollendung jener Schöpfung* sein, die wir sind, die Vollendung des Schöpfungswerkes, das Gott an mir, dir und jedem anderen vollbringt, der oder die Vertrauen in IHN gesetzt hat und setzt, gleichzeitig in Mit-Erschaffung oder Vollendung jener Menschen, die Er uns - "Abbildern" seiner Macht - fürsorglich anvertraute.

# WAR JESU TOD AM KREUZ EIN VON GOTT

## VERFÜGTER SÜHNETOD ?

Nicht selten werden Christen beherrscht, förmlich gequält von dem Gedanken, der von Sünde und Untreue der Menschen gekränkte Gott habe Genugtuung (Satisfaktion) gefordert in Gestalt des blutigen Lebensopfers seines "Sohnes".

Diese Hypothese wurde im Mittelalter von einem Denker namens *Anselm von Canterbury* († 1109) vorgeschlagen, der Jesu Kreuzes- tod in Anlehnung an den Geist mittelalterlicher Lehnsherrschaft zu verdeutlichen bemüht war.

Halten wir zunächst fest: es handelt sich bei dieser These um eine - späte, *zeitbedingte* - *Modell*-Vorstellung, die - in Bildern damaliger Zeit und Gesellschaft (Genugtuungs-Regeln bei Kränkung eines Grund-Herrn) - den Tod Jesu "für uns" verständlich machen will.

Die Theorie ist kein Dogma, kein Glaubensgegenstand, sie ist weder im Kleinen noch im Großen Glaubensbekenntnis angedeutet. Die Kirche hat sie sich amtlich nie zu eigen gemacht (auch nicht im Römischen Katechismus von 1993).

Blenden wir zurück auf das Ausgangsproblem des Christentums: Apostel, Evangelisten, auch ein Missionar wie *Paulus* standen vor der Frage, wie das schandbare Scheitern des von Gott gesandten Befreiers (*Messias* - dass Jesus dieser war, stand nach "Ostern" für sie fest) zu erklären war.

Man verwies etwa auf Propheten-Schicksale (Verfolgung, ja Tötung: Mt 5,12 u.ö.), auf den Einfluss Satans, wie es die Leidensgeschichte der Evangelien nach *Lukas* und *Johannes* deuten (verführt vom Satan wird Judas zum Verräter). Viele verstanden das Schicksal;

nicht, das Jesus traf. Auch *Mohammed* wird den Tod des Messias für den Islam (Koran 4. Sure) verwerfen!

Der entscheidende Punkt: Apostel und frühe Kirche standen nach der unerwarteten Erfahrung "der gekreuzigte Jesus *lebt*" vor der Aufgabe, das allen üblichen messianischen Erwartungen widersprechende Schicksal Jesu als *dennoch* Gott, seinem Heilswillen gemäß verständlich zu machen, galt doch sonst ein Gehenkter als von Gott verflucht (Dtn 21,23) und war der Gekreuzigte daher "den Juden ein Ärgernis, den Heiden eine Torheit" (1Kor 1,23), wie *Paulus* auf seinen Reisen feststellte.

Demgegenüber sollte erkennbar werden: Jesu Schand-Tod am Kreuz muss nicht bedeuten, dass Gott Jesus verworfen hatte. Vielmehr "wollte" Gott Jesu Schicksal oder "ließ es zu" in dem Sinne, dass er, als es unausweichlich wurde (da Jesus seiner Heils-Sendung für Israel treu blieb: Lk 13,31-33), es "um-fügen" konnte, und zwar so, wie der Patriarch *Josef* es den Brüdern erklärt: "Ihr hattet Böses gegen mich geplant, Gott aber hat es *um*gefügt zum Guten" (Gen 50,20).

Im Falle Jesu: Gott zog Heil und Leben, die er durch Jesus den Menschen anbot und die sie im Hören auf Jesu Reden und Heilungstaten hätten empfangen können, nicht etwa zurück, um sich an seinen Widersachern zu rächen (wie der Weinberg-Besitzer im Gleichnis von den bösen Winzern: Mk 12,1-12 Par), sondern ließ das Nein stehen und nahm den Verbrecher-Tod mit der blind-verängstigten Ablehnung Jesu durch die Verantwortlichen als Weg (bzw. Umweg), um sein Heil den Völkern - indirekt weiterhin Israel - anzubieten: als Lebensbrot, wie es bis heute in jeder Eucharistie dankend empfangen wird: als Gabe liebender Vergebung ("mein Leib für euch gegeben, ... mein Blut für euch ausgegossen" - vgl. Joh 6,50-58).

In der bei nicht Wenigen grassierenden Vorstellung, der "Vater" habe das Blut des "Sohnes" gewollt, um durch ein seiner verletzten Würde vergleichbares Opfer versöhnt zu werden, meldet sich indirekt ein unterdrücktes, unter Menschen verbreitetes Schuldgefühl ("schlechtes Gewissen"), wird aber durch Rationalisierung wieder unterdrückt (ein solcher Gott sei "unmöglich" oder inakzeptabel).

Doch *verfehlt* jene Vorstellung *Gottes* biblisch bezeugte *Sinnes- und Denkart.*

Menschlichem Schuldgefühl liegt der Wunsch nahe, ein selbst verursachtes Unrecht mit einem "Opfer" (Geldbetrag oder andere, die eigene Lebenskraft schmälernde Opfergabe) auszugleichen und damit quasi ungeschehen zu machen.

Die christliche Botschaft nimmt diese Vorstellung zunächst auf: der "Schuldbrief sei getilgt ... und an das Kreuz geheftet" (Kol 2,14).

Doch erreicht diese Sprache, diese Vorstellung noch nicht das Niveau der göttlichen Intention.

Missdeutung von Gottes Wille war ja, als die Evangelien entstanden, schon der Vorwurf an das Tempelopfer-Wesen, den Israels Propheten, auch Jesus erhoben (Hos 6,6; Mt 9,13; 12,7), als könnten Sachopfer an die Stelle der Erfüllung göttlicher Weisungen zum Schutz der Nächsten treten.

In der nach-österlichen Not der frühen Gemeinde, das grausame Ende des Messias Jesus zu verstehen, lag jedoch der Rückgriff auf die Opfer-Sühne-Vorstellung nahe, da Jünger und erste Christen dem Jerusalemer Tempel bis zur seiner Zerstörung im Jahr 70 in "täglicher und einmütiger" Frömmigkeit eng verbunden geblieben waren (Apg 2,46).

Davon zehrt auch die Sühne-Theologie, die - etwa am Ende des 1. Jahrhunderts - der Hebräerbrief bietet.

Der Brief ist noch erfüllt vom Sühne-Opfer - Gedanken, wie er das Opfer-Wesen des Tempels prägte, verarbeitet aber in seiner Deutung von Jesu Kreuzes-Schicksal offensichtlich schon das historische Ende der Tempelopfer in Jerusalem (Tempel-Zerstörung i.J. 70 unter dem Imperator Titus).

Der Verfasser erklärt seinen unbekannten christlichen Adressaten, es sei "angemessen" oder "geziemend" gewesen, dass Gott den "Urheber" ihrer Rettung, ihres Heils "durch Leiden vollendete", da Gott "viele Söhne (Kinder) zur Herrlichkeit führen will" (Hebr 2,10). Den Gedanken, das Leidens-Schicksal Jesu bis hin zum Kreuz sei "angemessen" gewesen, erläutert der Autor dann so: Jesus sei durch die Hinnahme seines Lebensopfers in die Rolle des Hohen-Priesters im Tempel eingetreten, habe dessen Amt zu einmalig-unüberbietbarer Vollendung gebracht. Jesus sei durch sein beklagenswertes Ende zum endgültigen, ewigen Hohe-Priester geworden, der nicht nur einmal jährlich wie früher, sondern unaufhörlich für das Volk eintritt, und zwar darum, weil er nicht jedes Mal neu ein Einzel- Opfer für seine und des Volkes Sünden darbringen muss, sondern stattdessen "sich selbst darbrachte" (Hebr 2,10; 4,14-16; 5,5-10; 7,22-27 u.a; 1Joh 2,1-2), und zwar gültig "ein für allemal" (*eph`hapax* Hebr 9,12. 25-28).

Das Johannes-Evangelium zieht die Konsequenz aus der frühchristlichen Einsicht: Gott hat seinen Sohn *nicht zum Gericht* gesandt, sondern *zur Rettung*; denn der Sohn ist von Anfang bis Ende eine *Gabe der Liebe*, die ewiges Leben schenken will (Joh 3,16-17).

So akzeptiert Jesus sein Todesschicksal, als es sich immer klarer ankündigt, bindet jedoch seine Mahl- und Lebensgemeinschaft *nicht* an seinen baldigen Tod, als wäre er deren Bedingung, sondern schließt den Tod *in seine liebende Selbstgabe* ("mein Leib - mein Blut") mit ein, um *diese* im kommenden "Gottesreich" aufzunehmen und zu vollenden (Mk 14,25; Mt 26,29; Lk 22,16), und zwar durch das Geschenk des Heiligen Geistes (Apg 2,17-19).

Jesu Selbsthingabe zielt, menschlich gedacht, auf *Vergebung*, und zwar da sie Menschen als gewichtiger, wertvoller als deren Untaten bewertet und deren kränkende Ablehnung mit sich abmacht und *in sich* überwindet.

Diese *Selbst*-Überwindung des (menschlich gedacht) "gekränkten" Gottes bezeugt die Erscheinung des "Sohnes", seiner letzten Gabe, als "Zeuge", der seinen "Vater" als "Vater" aller Hörenden und Glaubenden bekräftigt (Mt 23,9; vgl. Hos 11,7-9).

Aus diesem Bezug erklärt sich auch die israelisch-altorientalische Vorstellung von einem "Erlöser": ursprünglich ein Aus-Löser, der den Bruder oder andere Verwandte aus Schuldknechtschaft aus-löste bzw. freikaufte, also Stellvertretung übernahm (vgl. Lev 25-31). Diese Modellvorstellung wurde auf Jesus übertragen, wobei das Modell des "leidenden Gerechten" (Jes 53), also eines Erlösers, der *freiwillig* auch für das auf Erlösung hoffende Volk *litt*, zusätzlich bedeutsam wurde.

Deshalb preist die Kirche schon in einem der frühesten Eucharistie-Gebete Jesus: "der sich aus freiem Willen dem Leiden unterwarf" (2. Hochgebet); johanneisch: "Da er die Seinen liebte, die in der Welt waren, liebte er sie bis zur Vollendung. Und als die Stunde kam, da er von Dir verherrlicht werden sollte, nahm er das Brot ..." (4. Hochgebet).

Das Schicksal Jesu will daher - im Gegensatz zu unerleuchteten Be-fürchtungen - den Menschen nicht ihre Schuld oder Sünde dauerhaft vorhalten, gar als "Bild der Unversöhnlichkeit" (*Theodor Storm*) -, sondern die Liebe des "Vaters" vor Augen führen, der die Menschen, samt den Abgründen ihrer ängstlich-boshaftesten Verkennung von Gottes Heils-Willen, umfassend annimmt und, selbst ihr Tod bringendes Nein überbietend, zu ihnen steht und ihr tödliches Nein *durch*steht.

Den Grundsinn von Erlösung - im Sinne von Stellvertretung - stellte im KZ Auschwitz der Franziskaner *P. Maximilian Kolbe* unübertrefflich dar, als die SS für einen entwichenen Häftling zehn andere zum Tod verurteilte und *Kolbe* "aus freiem Willen" für einen wehklagenden Familienvater einsprang und dessen Todesurteil auf sich nahm, indes der Verschonte das KZ überlebte und später von der selbstlosen Stellvertretung des Paters erzählte.

Der verschonte Häftling war persönlich nicht schuld am Verschwinden des anderen. Doch seine Inhaftierung im KZ drückte aus, dass er generell wie die übrigen Lagerinsassen als schuldig galt und in den Augen der SS auch ohne den konkreten Fall sein Leben verwirkt hatte.

*Kolbe* übernahm die Rolle erlösender "Stellvertretung". Daher *spiegelt sich* in diesem historischen Ereignis die sowohl fundamentale wie exemplarische Bedeutung von Jesu Kreuzestod.

Es geht somit beim Kreuzestod nicht um den Zorn Gottes, sondern im Gegenteil um sein Erbarmen, um seine unbesiegbare Liebe zu den Menschen, die ihnen jedoch nicht ohne sie - nicht ohne ihr Ja - geschenkt wird.

Es ist, wie erklärt, von Gott her ein liebendes Müssen, das seiner unfasslichen Freiheit entspringt.

## OSTERN - WAS IST DAS ?

Jahr um Jahr befragen Meinungsforscher die Leute der Straße - stets mit gleichem Ergebnis: Kaum jemand weiß oder kann erklären, was Ostern bedeutet, was der Gehalt und Bedeutung dieses Festes sind..

Auch getaufte Christen?

Jugendliche, befragt, welche Teile aus dem kirchlichen Glaubens-bekenntnis über Jesus sie verstehen und bejahen, konnten nur diese Fragmente nennen: *gekreuzigt, gestorben und begraben.*

Damit hatten sie kein Problem, es entsprach der Welt, die sie kannten - unserer Welt, in der wir leben, die wir erleben: blutige Konflikte mit vielen Todesopfern, Unfälle, Krankheiten, Seuchen - und schluchzende Menschen vor Bahren und Gräbern.

Eine traurige Realität.

Deshalb - so der Gedanke der jungen Leute - wird das auch für Jesus so gewesen sein.

Aber "auferstanden von den Toten"?

*Wer* - fragen die Skeptiker - *wer* ist denn schon wiedergekommen von den Toten? Aus dem Grab? Vom Jenseits?

Selbst wenn sie könnten - mögen manche Leute denken -, werden sie, die Toten, doch nicht wiederkommen wollen in diese von Hass, Schmerz und Leid durchzogene Welt.

*Komm bloß nicht wieder!* beschwor *Charlie Chaplins* Tochter ihren tot daliegenden Vater vor der Kamera: *Die Welt ist immer noch so grausam wie zu deiner Zeit!.*

Wir Christen sind manchmal seltsame Leute: leicht geneigt, solche Art Resignation von Zeitgenossen zu teilen - aus "Mitleid" oder eigenem "Untrost" ...

In Umfragen, in manchen Gesprächen unter vier Augen verraten sie, dass sie an Jesu Auferweckung von den Toten - wie "die anderen" - *nicht* glauben. Und mancher, der vom Leben "viel gesehen" hat und "sich nichts mehr vormacht", fühlt sich schließlich zu müde, zu ausgelaugt, zu depressiv, um der Osterbotschaft zu glauben: *"Die Botschaft hör` ich wohl, allein mir fehlt der Glaube"*! Und die Kraft dazu ...?

Und Prediger, selbst hohe Würdenträger predigen lieber über Jesu "wunderbare Menschlichkeit" und über die sozialen Gebote des Christentums als über die Auferstehung Jesu von den Toten.

Hier waltet eine auffällige Scheu und Verschwiegenheit.

Und wir? Sind wir fähig und bereit, Menschen, die uns über das Osterfest befragen (vielleicht unsere Kinder, vielleicht Verwandte, Bekannte, vielleicht kranke, alte Menschen), "Rechenschaft zu geben über die Hoffnung", die in uns leben will, die österliche Hoffnung (vgl. 1Petr 3,15) ?

Wenn wir es nicht wissen (nicht wissen, wo wir stehen; nicht wissen, ob wir glauben), lasst uns dem Zeugnis der frühen Kirche, dem Zeugnis der ersten Zeugen nachspüren.

Das Oster-Evangelium redet sehr nüchtern. Von der Frau, die am Leichnam trauern möchte und den Verschluss-Stein davor nicht mehr vorfindet. Sie denkt, man habe den Leichnam entfernt und woanders abgelegt. Sie berichtet davon zwei Jüngern, die erschrocken hineilen, das Grab leer finden und glauben ... der Sorge der Frau, dass jemand Jesu Leichnam fortgenommen habe.

Nur so etwas können sie glauben, "denn sie verstanden noch nicht die Heilige Schrift, die sagt, er müsse von den Toten auferstehen".

Hier stoßen wir auf die Bedeutung der *Bibel* für ein Verstehen dessen, was mit Jesus geschah.

Näheren Aufschluss gibt die Erzählung von den zwei Jüngern auf dem Weg nach Emmaus (Lk 24, 13-32).

Diese Zwei stehen für alle anderen, für die der Fall klar war: mit Jesu Tod am Kreuz war alles aus, wieder eine Hoffnung auf Israels Befreiung begraben. Darum bewegen die Zwei sich fort von Jerusalem, fort von der Stätte des Todes, vom Grab ihrer Hoffnungen.

Die Bewegung, die Jesus entfachte, ist in Auflösung begriffen.

Doch in ihrer Betrübnis machen die Zwei eine seltsame Erfahrung. Mit ihnen - fort vom Tod und den Gräbern - geht jemand ohne Namen: ein Unbekannter.

Aber es ist einer, der Anteil nimmt an ihrer Trauer, ihrer Hoffnungslosigkeit; gar einer, der die Heilige Schrift auszulegen versteht; der argumentierend zeigen kann, dass der Weg des erhofften Messias, des gottgesandten Erlösers nicht in militärische Triumphe führt, sondern *in Leiden mündet* - und dass dies der *ganz andere Weg Gottes* und seines Heils-Denkens ist.

Mit diesem Begleiter und seinen erklärenden Worten wird den deprimierten Wanderern warm ums Herz: sie spüren, wie das Dunkel, das über ihrem Schicksal liegt, anfängt sich aufzuhellen.

Doch noch ist der Todesschatten nicht gelichtet, noch macht er ihr Herz schwer.

Daher, als es Nacht wird, können sie nicht anders, als den unbekannten Weggefährten zu bitten, noch über Nacht bei ihnen zu bleiben.

In Gemeinschaft mit jemandem wie ihm lässt sich das Schwere, Dunkle leichter tragen und bestehen.

Und als er in nächtlicher Gemeinschaft fortfährt, mit ihnen zu teilen: nicht nur das Wort, auch die Wegzehrung, das Brot, da wurden ihre Augen "geöffnet" (von 'oben`) und sie erkannten ihn.

Denn - heißt es weiter - *er war da* -"unsichtbar"-, *war da* "weg von ihnen", *war da* ungreifbar*, mit ihnen zu Tisch, *erkennbar* nur beim, am Brotbrechen, am Teilen.

Das Erkennen hatte aber schon begonnen, "als er auf dem Weg uns die Hl. Schrift eröffnete". Jetzt erleben sie eine Nähe, ein Mitsein Jesu ganz anders als vor seinem Tod: *da* und gleichzeitig *weg, fort*. Jesus realisiert eine Nähe, die das Herz erwärmt, aber nicht körperlich greifbar ist.

So brechen die beiden auf, zurück nach Jerusalem, finden die Elf miteinander (statt zerstreut in alle Winde), zueinandergeführt aufs Neue von dem geheimnisvoll mitgehenden, sich offenbarenden Jesus: des selben, der gekreuzigt worden war.

---

*Im griech. Text wird in Lk 24,30 das Brotbrechen Jesu eingeleitet mit καὶ ἐγένετο (kaì egéneto). Nur die Luther-Übersetzung beachtet die Wendung u. übersetzt "und es geschah". Tatsächlich handelt es sich bei dem Ausdruck um die griech. Wiedergabe des hebräischen *wa jᵉhi* = *er war da* aus dem Schöpfungstext Gen 1, beruhend auf der Selbstvorstellung Gottes vor Mose: "Ich werde dasein als Der, der da ist" (*ehje ascher ehje*: Ex 3,14). Bei Lk ist der Ausdruck Hinweis darauf, dass Israels Bundesgott sich im Brechen u. Teilen des Brotes quasi 'blicken lässt` *im Vorübergehen* (Ex 33,19-24; vgl. Mk 6,48 Par), im Akt, da der Fremde den zwei Jüngern das Brot bricht: *er (Jesus) ist da !* *Er war da.... im Vorüber* gehen

Ohne diese die Hl. Schrift deutend-erklärende Lebendigkeit dieses Jesus wäre der Jüngerkreis, wie viele ähnliche Zusammenrottungen, einfürallemal zerfallen, wäre dem Gekreuzigten nachgestorben. Der Jüngerkreis war ja tot (angedeutet in dem Wort "heute ist schon der dritte Tag, seit dieses [die Kreuzigung] geschehen ist"); er wurde durch die undenkbare Begegnung mit "dem Lebenden" mitaufer-weckt vom Tod.

Dass die Begegnungen mit dem *lebenden Gekreuzigten* nicht ´auf dem Mist` der Jünger gewachsen waren, bezeugt *Lukas* an anderer Stelle: *Gott selbst* - dargestellt durch den *Engel* - hat es eröffnet, hat die Hl. Schrift neu verstehen gelehrt: vorab durch (offiziell nicht zeugnisfähige) Frauen, mittels ihrer durch Männer, die aber erst bekehrt werden mussten mit Hilfe eines Vorwurfs "Was sucht ihr den, der lebt, bei den Toten?!" (Lk 24,5).

Sie mussten umdenken, weil sie dem "Lebenden" begegneten, ohne ihn greifen, fassen zu können. Aber wie?

Durch die Erfahrung, dass der Gekreuzigte unter ihnen da, gegenwärtig ist, dass er sein neues Leben mit ihnen teilt: sein Vertrauen auf und in den "Vater", seine Weisheit, seine Heilkraft, seine Menschenliebe: alles, was er in früheren Tagen war, sagte, tat, teilt er jetzt mit ihnen oder unter sie aus, bewegt die Jünger, alte und neue, *sein* Leben zu leben.

Ihnen geht auf: sie setzen nicht ihr altes Leben fort, *sie sind in neues Leben eingetreten*, sind *mit ihm* auferstanden, mit-auferstanden in das neue Leben; tragen in sich den Keim eines Lebens, dem der physische Tod nichts anhaben kann: ein neues Leben von *neuen Menschen,* fähig zu Liebe, Hingabe, Versöhnung, die Grenzen übersteigt.

Leben wir Christen als österliche Menschen? Oder trauen wir der österlichen Wirklichkeit nicht, versammeln uns wie die frühen Jünger

44

hinter verschlossenen Türen? Fehlt uns der österliche Wagemut, versinken wir wie Petrus in den Wogen von Angst, Todesangst?

Doch Ihn, der über die Wogen der Angst zu uns kommt, dürfen wir anrufen: Er hilft uns auf und stellt uns auf die schwankenden Beine (nicht ohne unseren Mut anzustacheln). Seine Einladung an den vor den Wasserwogen zaudernden Petrus wiederholt er auch uns: *Komm! Komm!*

# GELIEBTER FEIGLING

Könnten wir jemanden lieben, die oder der uns in einer todernsten Lage verraten, d.h. die Treue gebrochen hat? Wenn es ihr, ihm nachher Leid tut?

Eine Gewissensfrage, auf die uns eine ehrliche Antwort wohl schwerfällt - oder auch nicht.

Jesus, der mit uns in so Vielem Unvergleichliche, er tut es.

Das Johannesevangelium erzählt - wir haben uns wohl schon öfter darüber gewundert - , dass der auferstandene Jesus dem treulos-feigen Simon Petrus drei Mal die Frage stellt: "Liebst du mich?" (Joh 21,15ff)

Drei Mal fragt er ihn - und Simon wird davon traurig -, weil der Gefragte ihn drei Mal verleugnet hat.

Aber warum beharrt Jesus auf der dreimaligen Frage, warum erinnert er Simon so beharrlich an seinen Verrat? Deutet er so nicht an, dass er ihm nicht mehr traut?

So könnte man ja vermuten.

Aber dann stellt sich die Frage: Warum wählt Jesus nicht einen anderen an dessen Stelle? Hatte er keinen Besseren, Verlässlicheren, als den treulosen Simon?

Vielleicht liegen wir doch falsch, wenn wir annehmen, dass Jesus Simon nicht mehr traut. Vielleicht konfrontiert Jesus den Simon deshalb so unerbittlich mit seiner beschämenden Vergangenheit, um ihn daraus zu lösen, zu befreien.

Von sich kann Simon ja nur sagen: im Ernstfall bin ich ein Versager! Das ist bewiesen. Bin ein treuloser Geselle, der den, der mich liebt, und den ich lieben wollte, verleugnete, im Stich ließ, um meine eigene Haut zu retten. So bin ich halt, so habe ich mich brutal selbst erlebt: als Schwächling!

Aber Jesus akzeptiert dieses - verständliche - Selbstbild des Simon nicht.

Seine dreimalige Frage und die jenem übertragene besondere Verantwortung ("Weide meine Schafe!") gibt Simon zu verstehen: Du bist mehr! oder: in dir steckt mehr, als du von dir weißt - mehr, als du dir selber zutraust!

Deine Schwäche ist mir klar bewusst, sie ist bewiesen - und doch: wenn du dich trotz deines Versagens traust, dich mir anzuvertrauen, sage ich dir und zeige dir, was in dir steckt, wer oder was in dir steckt, wenn ich es wecke ("das Kind schläft nur": Mk 5,39ff Par).

Jesus akzeptiert das Versager-Bild des Simon nicht. Seine drei-malige Frage und die besondere Verantwortung ("Weide meine Schafe!") gibt Simon zu verstehen: Du bist mehr! In dir steckt mehr, als du von dir weißt und dir zutraust! Deine Schwäche ist mir wohl bewusst, ist bewiesen, und doch: wenn du dich trotz deiner Schwä-che traust, dich mir anzuvertrauen, sage ich dir: Simon, steh auf!

Das ist mehr als Menschenkenntnis. Achten wir auf die Fragestel-lung: Liebst du mich? Sie hat in der johanneischen Denkweise besonderes Gewicht: "Die Liebe ist aus Gott, und jeder, der liebt, stammt von Gott und erkennt Gott!" . Und weiter: "Nicht darin besteht die Liebe, dass wir Gott geliebt haben, sondern dass er uns geliebt und seinen Sohn gesandt hat" (1Joh 4,7.10).

Die Frage "Liebst du mich?" will daher eigentlich zu verstehen geben: Gott hat dich zuerst geliebt und hört nicht auf, dich zu lieben mit einer Liebe, die stärker ist als dein Verrat. Kannst du, Simon, verstehen, akzeptieren, dass darum auch meine Liebe zu dir stärker ist als dein Verrat? Wenn du jetzt Ja sagen und neu anfangen kannst, nimm es als Geschenk und als Zeichen dafür, dass du unendlich über dich und deine Vergangenheit hinauswachsen kannst, um ein neuer Mensch, ein neuer Simon zu werden!

"Nach diesen Worten", so vermerkt das Johannesevangelium, "sagte er (Jesus) zu ihm: Folge mir nach!" (Joh 21,19)

Der zuvor schwache, treulose Simon wird zum wahren Jünger, zum Apostel, zum "Fels" der jungen Kirche (siehe Apostelgeschichte!) und wird selbst sein Leben hingeben für diesen Jesus, den er einst verleugnet hatte. Sein Werdegang wird zum Zeugnis für die Wahrheit des Wortes: "Wenn wir untreu sind, bleibt Christus doch treu, denn er kann sich nicht selbst verleugnen!" (2Tim 2,13).

# ÜBER DIE TAUFE

*Johannes,* genannt *der Täufer,* hat umkehrwillige Menschen im Jordan getauft.

Jesus scheint anfänglich auch getauft zu haben. Vor allem aber ließ er sich öffentlich vom Täufer taufen und erfuhr dabei, wie es die Evangelisten darstellen, seine eigene Berufung zum "Sohn", zum Gotteszeugen *par excellence.*[*]

All diese Taufen geschahen aus freien Stücken (Täufer, Täuflinge).

Die Moderne leitet daraus ein Problem ab: wenn nicht Erwachsene, sondern schon Säuglinge oder Kleinkinder getauft werden, erleben sie ihre Taufe nicht selbstbestimmt.

Nach der Taufe seien sie ungewollt Katholiken, Protestanten, Orthodoxe oder ...

Es ist schon so.

Ebenso ungewollt sind die Kinder nach der Geburt Träger von Namen wie Meier oder Müller etc., haben *diese Eltern,* diese Anlagen, Körpergröße und Konstitution, lernen die Sprache der "Mutter", empfangen *diese* und keine andere *Erziehung,* Schulbildung usw., sind ungewollt *Deutsche, Österreicher, Schweizer* usw.

Diese Vorprägungen sind zumeist unumkehrbar, nur in engen Grenzen korrigierbar und ergänzbar.

Die Menschen nehmen sie hin (vielleicht brummig, achselzuckend), machen das Beste daraus. Je älter sie werden, desto klarer sehen sie: diese Vorprägungen haben ihnen wesentliche Lebenschancen

---

[*] Zu Auslegung von Taufe u. Berufung Jesu s. Vf., Christus in postmoderner Zeit (Norderstedt 2018) 85-90

gegeben und mitgegeben - ohne sie wären sie, wäre ein Mensch nicht lebensfähig und lebenstüchtig.

Denken wir in diesem Zusammenhang ein wenig über die Taufe nach.

Wer zusieht, wie ein nur wenige Wochen altes Kind getauft, wie es mit einem kurzen Wassergüsschen über das Hinterhaupt bedacht wird, wie alle Beteiligten besorgt sind, dass das Kind nicht erschrickt, nicht schreit oder - falls es schläft - nicht aufwacht, wer Zeuge dieses kurzen und sanften Ritus ist, wird kaum auf die Idee kommen, dass dieser sparsame Ritus eine so tiefgründige Bedeutung enthält, wie der Apostel *Paulus* sie mit bewegten Worten erläutert (Röm 6).

Der Groß-Ritus des dreimaligen Untertauchens im fließenden Wasser - dreifaltiges Zeichen für das Sterben und Auferweckt-werden des Täuflings mit Christus - blieb z.B. in orthodoxen Kirchen erhalten, während er in der abendländischen Kirche seit dem 15. Jahrhundert verloren ging.

Für die Augen des Glaubens ist die Gewährung der Taufe wesentlich mehr als eine rituelle und juristisch-offizielle Anbindung des Kindes an die Kirche.

Dieser rechtliche Aspekt wird in politischen Diskussionen der Postmoderne überbetont, oft genug ausschließlich ins Visier genommen - so, als genüge er bereits für ein Urteil über die Angemessenheit der Taufe für Unmündige und Minderjährige. Vom Emanzipationsgedanken bewegte Eltern votieren gegen die Kindertaufe: die Tochter, der Sohn solle die "Chance" bekommen, im mündigen Alter selber zu entscheiden, ob sie oder er die Taufe mit allen Konsequenzen empfängt.

Für diesen Standpunkt lassen sich Konvenienzgründe anführen: Man melde sein Kind ja auch nicht frisch nach der Geburt beim Sportverein oder in der bevorzugten politischen Partei an, sondern respektiere seine Freiheit und warte seine Mündigkeit ab.

Allerdings geht diese Art Sorge am Kern des *Tauf*geschehens vorbei, wenn es, was es verdient, mit den Augen des Glaubens betrachtet und erwogen wird.

Betrachten wir das Ganze einmal so: Keine Mutter, kein Vater kommt auf die Idee, es sei gegen die Freiheit ihres Kindes, wenn sie es auf den Arm nehmen, weil es Angst oder Schmerzen hat; ihm gut zureden, es streicheln, küssen und bei sich bergen. Sie wissen elementar, dass ihr Kind - wie jedes Kind - das zum Leben braucht (der Gedanke, Mutter oder Vater wolle es für sich vereinnahmen, ist hier fern, ja absurd).

Mutter und Vater, auch ältere Geschwister bezeugen dem Kind auf diese Art: Hab keine Angst! Was immer geschieht, ich bin (wir sind) da, immer bei dir! Wir passen auf dich auf! Ich bin, wir sind stärker als das, was dich ängstigt oder schmerzt!

Der elementare kirchliche Taufakt gleicht nun der elterlichen oder geschwisterlichen Liebkosung auf verblüffende Weise.

Was geschieht da?

Gott selbst spricht mit dem Mund der taufenden Person dem auf den Armen der Eltern geborgenen Kind gut zu. Er liebkost es mit der sanften Geste des Ritus und den einfachen Worten der geduldig amtierenden Menschen.

*Gott selbst* bedeutet dem Kind: *Was immer geschieht, ICH BIN DA und bei dir! Schau - auch du, eben erst geboren, musst einmal sterben, so wie auch deine Eltern sterben werden! Aber fürchte den Tod nicht! ICH kenne seine Schrecken. Ich habe sie in und an meinem Sohn selber erlitten, habe sie durch-litten! Durchlitten, um die Macht des Todes zu brechen. Er hat keine Macht über mich. ICH BIN stärker als der Tod, ICH BIN DIE LIEBE !*

*Auch du brauchst die Schatten des Todes nicht zu fürchten, denn ICH BIN wie Vater und Mutter für dich! ICH BIN dein Hirte und dein Stab, an dem du dich festhalten kannst. Trau mir! Dann wirst du auch die Sünde nicht kennenlernen, diesen Inbegriff der Ferne von mir. Der Tod ist der Sünde Sold und Beikost. Du, Kind, lebst schon jetzt in meinem Haus! Alles, was mein ist, ist dein!*

*Und solltest du eines Tages dein Leben fern von mir probieren wollen (wie der jüngere Sohn im Gleichnis), so wisse: meine Liebe erträgt auch deinen Freiheitsdurst!*

*Und solltest du eines Tages, wenn der Tod seine Schatten wirft, mich suchen und dich fragen, ob der alte Gott noch da ist, ob er noch lebt und - noch - liebt, so wirst du erfahren, dass ich alle Tage bei dir war und du dich nur umzudrehen brauchst, um meine geöffneten Arme zu gewahren!*

*Dies alles und noch mehr sage und versichere ich dir, indem ICH dich taufe im Namen des Vaters und des Sohnes und des Heiligen Geistes!*

*Du wirst jetzt nicht viel verstehen; brauchst es auch noch nicht zu verstehen, denn MEIN GEIST wird dich in meine Worte einführen, dich trösten, dich führen, wenn es Nacht wird um dich.*

Dies ist der Kern der christlichen Taufe, davon spricht auch *Paulus* in beredten Worten.

Er redet von Gottes zuvorkommenden, jede(n) von uns, in Christus "getaucht", vom Tod erweckenden Gottesliebe.

Zu ihr ein volles JA sagen können und sollen Getaufte erst im mündigen Alter, im kirchlichen Akt der "Stärkung" (lat. Firmung/Konfirmation) für Heranwachsende.

Vielleicht finden die so Gestärkten sich eines Tages wieder in den Worten *Hiobs*:

"Ich weiß, mein Erlöser lebt, als Letzter erhebt er sich über dem Staub. Ohne meine Haut, die so zerfetzte, und ohne mein Fleisch werde ich Gott schauen"! (19,25f)


*GOTT,*

*für viele Menschen ein Fremdwort*

*bist Du geworden,*

*ein Wort ohne Sinn und Gehalt!*

*Und doch suchen Dich viele*

*auf der Suche nach Sinn und Leben.*

*Lass Dich ihnen aufgehen,*

*damit das Fremdwort "Gott"*

*ihnen zum Kosewort werde,*

*in das ein Mensch*

*sich einschmiegen kann*

*wie in einen bergenden Arm,*

*ja - wie in himmlische Musik! AMEN*

# VON TOD UND LEBEN

## *Aktuelle Aspekte des Theodizee-Problems (2021)*

Viele Menschen können sich schwer abfinden mit der vielfach zu beobachtenden Mitleidlosigkeit, ja Grausamkeit, die in der Welt anzutreffen ist, mit Tod und Tötung, die sie mit einem gütigen Gott kaum vereinbaren können.

Da vergisst man leicht, dass der Tod im NT ein Hauptthema ist. Der Apostel Paulus spricht viel von ihm: der Tod sei der "letzte Feind, der entmachtet wird" (1Kor 15,26).

Die gesamte Bibel erklärt den bitteren Tod der Menschen mit deren "Sünde", d.h. damit, dass sie Gottes Lebensangebot nicht aufnehmen, ja ablehnen.

Die Frohe Botschaft gipfelt nach allen Evangelien in Jesu Ankündigung an die Jünger, er werde getötet werden, und mündet in Jesu schreckliche Leidens- und Sterbe-Geschichte.

Die Macht des Todes, ja das "Gesetz des Todes" (Röm 8,2) ist *Paulus* und seinen Gemeinden tief bewusst. Der Apostel wie auch die Evangelisten erläutern die Frohe Botschaft gerade vor dem Hintergrund des Todes. Für sie alle ist der Tod "der letzte Feind".

Man sollte die Frohe Botschaft als Sieg-Botschaft übersetzen und sie verstehen geradezu als Abrechnung mit dem Tod.

Doch erspart diese Frohe Botschaft das Sterben, den physischen Tod nicht: weder Jesus noch denen, die durch ihn an Gott glauben.

Diese Tatsache bringt moderne Menschen auf. Sie haben die Mentalität von "Machern" erworben und sich zugelegt: "Unmögliches wird sofort erledigt, Wunder dauern etwas länger" - ironisch überspitzt und doch ernst gemeint:

Ein als "Transhumanismus" beworbener Forschungszweig will Mittel und Wege finden, den Tod als letzte, nicht überwundene Krankheit auszurotten. Eine Mentalität, die jede Grenze, jede als fremdgesetzt empfundene Notwendigkeit als unerträgliche Zumutung empfindet und abweist. Eine Einstellung, die das Hilfreiche, ja Heilsame von Grenze und Notwendigkeit nicht entdeckt hat - und jenes von sich weist.

Diese Einstellung, soweit sie Argumente hat, fragt: Hätte Gott, wenn er ein wirklicher "Könner" wäre, den Tod nicht wegnehmen, überwinden, ja aus der Schöpfung aussparen können, ja müssen?

Fragen wir einmal unsere Lebenserfahrung.

Für Kinder und Jugendliche ist alles neu, spannend, aufregend, die Welt ein Abenteuer und das Leben ein sich fortsetzendes Experiment.

Kommt ein Mensch in das gesetzte Alter, hat er das Gefühl, durchzublicken, das Leben zu kennen. Die immer noch auftretenden Überraschungen, die das Leben bereithält, können ihn noch immer erfreuen, aber auch stören. Das aufregende Leben regt ihn allmählich auf. Das Leben soll ruhig fließen, soweit man sehen kann, "vor Überraschungen sicher" sein. Man ist ja kein Kind, kein "Teenager" mehr.

Das Erreichte, aber auch wohltuend Neues, das noch kommt, fühlt sich ungeahnt kostbar an: es ist, könnte aber auch nicht sein; ist glückhaft, aber nicht notwendig; kostbar, weil endlich, vergänglich; geschenkt, weder erzwungen noch zustehend.

Menschen lernen den wahren Wert des Erreichten als ihnen *Geschenkten* erst schätzen, wenn sie verstehen, dass alles, wie sie selbst, vergänglich ist. Etwas ist ihnen wertvoll, also voller Wert, weil sie Wertloses erlebten, Dinge sahen, die ihren Wert verloren, weil jeder Wert vergänglich, das heißt: *dem Tod ausgesetzt* ist.

Nicht zuletzt wird der *Wert eines Menschen* von Zeitgenossen häufig erst ganz erfasst, wenn er todkrank wird, stirbt oder gestorben ist.

Ohne den Tod in Erwartung und Realität hätte man eine Persönlichkeit und ihren Wert gar nicht kennen, nicht schätzen gelernt. "Er fehlt", sagen die Trauernden von einem Menschen und spüren jetzt erst seinen vollen, *einmaligen* Wert.

Mit anderen Worten: Unsere Welt ist schön, attraktiv, wie sie ist, *weil sie vergänglich ist*!

Sie ist aber auch betrüblich, stimmt traurig, weil der Tod ihr Gesetz ist und den *Survival of the fittest* selektiert.

Die Evolutionswissenschaft macht uns heute freilich klar, dass dieses Grundgesetz der Evolution überall im Kosmos gilt, sodass es auf dieser Erde die Lebewesen, schließlich die Menschen erst möglich macht und hervorbringt.

Der Schöpfer wird Christen heute als ein *evolutiv schaffender* Gott verständlich.

Als solcher lässt er an den "verborgenen Gott" denken, wie *Martin Luther* den von uns quasi abgewandten Schöpfer des Weltalls nennt.

Prägen wir uns hier etwas ein, das grundsätzlich für die gesamte Schöpfung gilt.

Das den Geschöpfen mitgeteilte Sein, ihre Realität, ist notwendig endlich: es *ist*, doch verzehrt es sich und *endet*.

Hinzu kommt der *evolutive* Aspekt: im Kosmos - für uns anschaulich auf dem Planeten Erde - wurde und wird *Sich Entwickelndes*, auch immer wieder *Neues* erkennbar: dieses entsteht jeweils aus Bausteinen einer früheren Form, beginnend mit dem Aufbau der Elemente in Sternen: deren Tod durch Ausbrennen liefert die Bausteine für neue Sterne, Planeten, schließlich für alle Formen des Lebens.

Die Entwicklung treibt nach und nach komplexere Formen bis zu den Lebewesen hervor, ein Prozess der "complexification" im Weltall, wie ihn schon der berühmte Paläontologe *Teilhard de Chardin* sichtete.[*]

Schon der antike Denker *Anaximandros* erkannte im 6. Jahrhundert v.u.Z. intuitiv: von allen Dingen entstehen die einen aus den anderen und lösen sich schließlich wieder auf in die anderen: so leisten sie "Buße" für das einander angetane Unrecht (dass sie nämlich einander das Sein, das Leben rauben, um selber entstehen oder sein zu können).

Der *evolutiv angelegte* Kosmos in seiner *eigenständigen* Dynamik und Wirkkraft geht mit *naturgesetzlicher* Notwendigkeit seinen Gang: *zerstört, um wieder Neues aufzubauen*, das es vorher nicht gab, das nicht sein konnte.

Man findet es erschreckend zu sehen, wie die Tierwelt, auch Menschen unaufhörlich von fremdem Leben, von anderen Lebewesen zehren, die ihr Leben lassen müssen, damit stärkere oder höher entwickelte Lebewesen (u.a. Menschen) weiter leben, länger leben.

Dass Lebewesen leiden (freilich *zeitlich begrenzt* leiden), auch aneinander leiden, ist gar nicht vermeidbar, weil die Gesamt-Energie

---

[*] Dass *Teilhard* den Prozess final zu einer "christification" der Erde, gar des Universums führen sieht, bleibt hier außer Betracht.

der Erde (wie die des Kosmos) jederzeit endlich ist. Wir alle leben unvermeidlich auch vom Leben und vom Leiden anderer, auch von deren Tod (unbemerkt auch vom Tod zahlloser Kleinst-Lebewesen). Jedes Lebewesen ist unvermeidlich auch Energie-Träger und Lieferant von Leben. Alles und alle leben und existieren von einander, aus anderer Lebenskraft.

Hier stoßen wir auf eine naturgesetzliche, ja geschöpfliche Notwendigkeit angesichts der Endlichkeit des Kosmos, zumal auch unseres Lebensraumes.

Dies gilt, um ein aktuelles Problem zu berühren, auch für Dasein und Wirken von *Viren*, die Erkrankung und Tod bei befallenen Menschen hervorrufen können.

Die Ansprüche der Menschen auf ein ruhiges, sorgenfreies Leben werden vom Schöpfer nicht erhört - um der Schöpfung willen. Das Auftreten bedrohlicher Viren ist kein Betriebsunfall in der Schöpfung, es ereignet sich vielmehr im Rahmen der sich unaufhörlich entwickelnden Lebenswelt der Erde. Auch wenn der Mensch sie nicht vorsieht, entstehen und verbreiten sich Viren im Rahmen der Vorsehung des Schöpfers, dessen Schöpfung samt aller Geschöpfe nicht stillsteht, sondern sich unaufhörlich entwickelt und auszeitigt.

Die Vorsehung wirkt sich vor allem aus *als Entwicklung*.

Krank machende Viren mögen als Störung empfunden werden, tragen aber vermutlich eher nach Art von *puzzles* zum Aufbau eines neuen Zustandes oder einer neuen Lebensform der Schöpfung bei, bringen, vielleicht indirekt, die Schöpfung einen Schritt weiter. Das sogenannte Negative ist ja erfahrungsgemäß stets Aspekt eines Positiven.

In der sich entwickelnden Schöpfung ist der Tod nichts bloß Negatives, sondern quasi das Haus der *Evolution*. In ihr aber prägt sich des Schöpfers *kreatives Prinzip* aus.

Dass Menschen *mehr* sind als Test-Produkte der Evolution, sagt uns die Frohe Botschaft. Sie bindet diese Botschaft indes an die Einhaltung von Normen, die nicht bloß Barrieren sind, sondern Leben erhaltende und zu Leben führende Wege..

Auf den ersten Blick mag es schockieren, wenn wir darauf hinweisen, dass auch die Ethik, die Realisierung ethischer Normen nicht zuletzt vom Energie-Haushalt abhängt.

Die zynisch klingende Rede "Wieviel Moral können wir uns leisten?" kommt nicht von ungefähr. Deren Einsatz wird wohl im konkreten Fall häufig stillschweigend berechnet. Manche elitär denkende Zeitgenossen rümpfen die Nase über die "Lohnmoral" des Christentums. Realistisch gesehen ist der Mensch begrenzt, gar arm an Kraft und Energie.

Die Verheißung von ewigem Leben (Mt 25,31-40) versteht sich in diesem Weltall als realistischer Ausgleich für das Teilen endlicher Güter mit Ärmeren und Armen.

Ein Philosoph dieser Zeit (*H. Tetens*) steuert noch ein Argument bei: der Schöpfer, weil er will, dass seine Schöpfung "gut" werde, setze mit dem individuellen Tod jedes Menschen absichtlich eine Zäsur, um dem Bösen individuell und allgemein Einhalt zu gebieten: zur Rettung der Welt wie auch der einzelnen Person.

Die Alternative aber zu diesem endlichen Universum - ein *un*begrenztes, *un*endliches Universum - heißt Gott, wäre bzw. ist Gott..

Wenden wir uns nach diesen Gedanken über die evolutiv geprägte Schöpfung den Folgerungen für den Glauben an Gott zu.

*Martin Luther* beschäftigt die Frage nach Gott sein Leben lang.

Im Gespräch mit *Erasmus von Rotterdam* über den freien Willen entwickelt er seine Gedanken vom *Deus absconditus,* vom "verborgenen Gott".

Weniger philosophische Überlegungen als *biblische* Aussagen (v.a. Ez 18,23.32; 33,10ff., sowie Ex 20,6; Mt 11,28 u.a.) wurden ihm zu Erkenntnisquellen. Sie sagen ihm: Gott will nicht den Tod des Sünders, aber er lässt ihn zu (oder: lässt den Tod ´laufen`), wenn der Sünder Gottes Lebensangebot nicht will: dann lässt Er ihn sterben, überlässt ihn dem Tod (das kann, je nachdem, der *zeitliche,* gar der *ewige* Tod sein).

Man müsse aber, meint *Luther,* den verkündeten (oder "gepredigten") Gott von dem "in seiner Majestät verborgenen" Gott unterscheiden. Nur der verkündete Gott gehe die Christen an. Der *in seiner Majestät verborgene* Gott "wirkt Leben, Tod und alles in allem. Denn da hat er sich nicht durch sein Wort in Grenzen eingeschlossen, sondern hat die Freiheit seiner selbst über alles behalten". Heißt: "der in seiner Majestät verborgene Gott beklagt weder den Tod, noch hebt er ihn auf".

*Luther* spricht hier offenkundig *unterscheidend* vom *Schöpfer* bzw. von Gott, insofern wir ihn als *Schöpfer* meinen und denken.

Gott zeigt ein *anderes*, menschenfreundliches *Gesicht*, wo er sich Menschen heilend zuwendet

Der Schöpfer in der Bibel (vgl. Gen 1+2) trägt schon die Züge des Bundesgottes JHWH Elohim, Israel und den Völkern zugewandt.

Doch in Röm 1,19-21 handelt *Paulus* offenkundig nur vom *Schöpfer-*Gott, der schon vor seiner offenbarenden Selbstmitteilung allen Menschen *aus seinen Werken erkennbar* sei. Die Begegnung mit der antiken Philosophie hatte damalige Juden überzeugt, dass auch "die Heiden" zur Erkenntnis des einzigen Gottes gekommen waren, in ihrer oft unsittlichen Lebenspraxis jedoch nachwievor der Vielgötterei huldigten (so die Bilanz der Paulus-Forscher *Theißen - von Gemünden*).

Doch die Unterscheidung zwischen *Gott Schöpfer* und *Gott des Heils* führt nicht zwei Götter ein, sondern macht aufmerksam auf Gottes *Freiheit*, sich Israel, dann den Völkern heilend-rettend in einem besonderen Entschluss, einem *Heils*-Beschluss zuzuwenden.

Deshalb haben wir es seit der biblischen Gottesoffenbarung mit einer *zweifachen*, unterschiedlichen Gottes-*Erkenntnis* zu tun.

Ein gründlicher Denker wie *Thomas von Aquin* (obwohl ohne Kenntnis neuzeitlicher Naturwissenschaft) anerkennt in seiner *Summa contra gentiles* explizit: *notwendig geschehende Vorgänge* ohne *absolute* menschliche Eingriffsmöglichkeit - zB Vergehen, Leiden, Tod, Zerstörung des alten *für* neues, vielfältiges Leben - sind Teilaspekt der *Schöpfung*, widersprechen nicht der Güte der Schöpfung, vielmehr bilden sie etwas von Gott selber ab: den *unbedingten Willen zum Leben*, der das Universum durchzieht. In seiner Schöpfung von kosmischem Ausmaß handelt Gott seit je aus seinem *Willen zum Wunder des Lebens* - über die Köpfe der Geschöpfe hinweg.

*Thomas* hebt den besonderen *Schöpfer*-Aspekt des biblischen Gottes heraus, wo *Luther* eingängiger und bibelnäher (siehe *Hiob* und die *Propheten*) vom *verborgenen* Gott redet.

Die naturgesetzliche Notwendigkeit, deren majestätische (aber schon zur *Vergangenheit* gehörende) Vielfalt und Leuchtkraft wir im Kosmos *heute* schauen (deren Licht Tausende, ja Millionen Jahre zu uns unterwegs war), lässt, wo wir dahinter den Schöpfer erkennen, ihn uns *furchtbar groß* erscheinen und *todernst nehmen*.

Menschlich gesprochen, kann man verstehen, dass manche Kosmologen versucht sind, Entstehung und Entwicklung des Kosmos aus purem Zufall zu erklären, da der Gedanke an einen, an seinen Schöpfer Furcht, ja Schrecken auslöst.

Ist man aber heute auch nur ein wenig mit den Gesetzen von Materie und Evolution vertraut, sind Fragen wie "Hätte Gott nicht ein friedliches, ein liebevolles Universum schaffen können?", "Hätte er uns Menschen nicht das Sterbenmüssen ersparen können?" u.ä. im Grunde nur so beantwortbar: Gott hätte es gekonnt, wenn er auf seine notwendigerweise endliche Schöpfung ganz verzichtet hätte - *un*endliches Leben ist nur Er selbst -, unterlassen hätte also auch die Erschaffung von Menschen.

Hätte er ein besseres Universum erschaffen können? Für solche Art neuzeitliches Fragen fehlt der Vergleich: Wir kennen nur dieses Universum, können ein "besseres" nicht einmal ansatzweise vorstellen (es sei denn begrenzt zum Schlaraffenland und ewigen Urlaub in ewiger Langeweile, da nichts mehr ´passiert`).

Leiden und Tod gehören wesentlich zu diesem Universum. Fehlten Leiden und Tod, hätte es gar nicht entstehen können und würde es uns Menschen nicht geben (Fazit aus den Gesetzen und Notwendigkeiten der Evolution).

Dass auf einem Planeten wie der Erde die Lebewesen zugleich Jäger und Gejagte (Beute) sind, kennzeichnet den begrenzten Vorrat an Sein und Leben, wie er das endliche Weltall ermöglicht *und* begrenzt.

Der *biblische* Gott macht sich als *Schöpfer dieses* Universums zudem indirekt kenntlich, wo der "Sohn" sein "Fleisch" zu essen anbietet "für das Leben der Welt" (Joh 6,51-58).

Früh erkannten die Christen die *himmlische* Herkunft dieses Jesus: "Das Gott-gleich-sein presste er nicht als (seine) Beute an sich" (Phil 2,6).

*In und durch seinen "Sohn" liefert der "Vater" seine eigene Theodizee (Sinn und Überwindung des Leidens) gleich mit.* Im "Sohn" zeigt der Schöpfer des Kosmos sein menschenfreundliches Gesicht. Mit diesem Angebot - dem "Sohn" - sind Leiden und Tod, Gesetze dieser Welt, gleichsam heiliggesprochen.

Verheißungen wie die von einem "neuen Himmel", einer" neuen Erde" übersteigen jede konkrete Vorstellung, fußen zumal auf der Erfahrung des "auferweckten" (also lebendigen) Christus.

Positiv beruft sich die Verheißung von "neuem Himmel, neuer Erde" darauf, dass Gott als unvergängliche Mitte der Menschen in Erscheinung tritt (vgl. Apk 21,1-8).

In einem Aufsatz, betitelt "Fragen zur Unbegreiflichkeit Gottes nach Thomas von Aquin" (Schriften zur Theologie XII), macht *Karl Rahner* deutlich: Gottes Unbegreiflichkeit meint nichts Negatives, sondern geradezu die Essenz der ewigen Seligkeit (der seligmachenden Schau).

Die ungeheuerliche Großartigkeit des Kosmos wie auch seine letzte *Unbegreiflichkeit* kulminieren sozusagen in der Epiphanie des Jesus Christus.

Daher sei es der Höhepunkt unseres individuellen Sterbens (betont *Rahner* mehrfach), *sich in Gottes Unbegreiflichkeit fallen zu lassen,* von der ein basales Vor-Verständnis, wenigstens eine Ahnung uns in Jesus Christus geschenkt wird.

Damit haben Erwachsene größere Schwierigkeiten als ein Kind, das sich der Unverständlichkeit der Welt unbefangen und arglos nähert.

Darum stellt Jesus den Jüngern ein Kind als Vorbild vor Augen (vgl. Mt 18). Schmerzliche Erfahrungen haben Erwachsene misstrauisch gemacht und behindern sie.

Ein Kind durchschaut die ihm weithin unbekannte Welt nicht, in die es gestellt ist, öffnet sich aber dem Leben arglos und lässt es an sich geschehen, wo immer es bei seiner Ankunft die Welt freundlich erlebte. In ähnlicher Weise ist der erwachsene Mensch gerufen, dem Dunkel der letztlich unbegreiflich großartigen Welt, dem in ihr verhüllten Gott sich in Leben und Sterben zu öffnen. Sich in den unbegreiflich wunderbaren Gott wie ein Kind trauend und treu fallen zu lassen. Ist nicht auch ihm, hinter allen Leiden, das "Gott-Geheimnis der Welt" (*Erich Przywara*) freundlich begegnet?

*Das Gesetz des Lebens und Liebens, das - hier andeutend, dort ausgeprägt - die Entwicklung des Kosmos auf allen Stufen durchzieht: Pro-Existenz, Teilen miteinander, Brot füreinander, Brot für die Welt, Hin-Gabe, Hilfe zum Sein, zum Leben für Ärmere und Jüngere: In diesem Lebens- und Liebesgesetz der Welt offenbart sich ein Wesenszug Gottes.*

Wir durchschauen ihn nicht, doch verspüren wir seine Dynamik und Anziehungskraft. Seine Unangreifbarkeit von seiten Vergänglichkeit und Tod, seine Überlegenheit über die kosmischen Mächte schauen die Jünger an dem Gekreuzigten, dessen tödliche Wunden seine Siegeszeichen wurden.

Von ihm lernen sie: das Gesetz des *endlichen* Kosmos - die einen leben vom Tod der anderen, *alle leben* unvermeidlich *vom Ende* vieler Dinge, *vom Tod* lebender Wesen - soll von ihnen bejaht und übernommen werden in Gestalt der *Liebe*. Durch frei akzeptiertes, also liebendes Teilen der eigenen Lebens-Mittel mit Bedürftigen (wir alle!) nimmt die Liebe Züge einer Einübung des eigenen Sterbens an - tut es im Vertrauen auf *Gott, der Leben ist* und Leben gibt.

# BIBLISCH INFORMIERTER GLAUBE ALS CHANCE

Menschen, die an den biblischen Gott glauben, sind im Urteil von vielen so etwas wie Abenteurer, Aussteiger, Hasardeure. Sie setzen in die Lebensrechnung eine unbekannte Größe, ein unbestimmbares X ohne ausweisbaren Nutz-Wert ein, überlassen das Produkt ihrer Lebensleistung dem Zufall.

Wer in Religion Auskunft sucht, dem wird "fast abgesprochen, ein aufgeklärter, vernunftorientierter, moderner Mensch zu sein" (*Martin Speer*, UN-Botschafter).

So genau ´man` zu wissen meint, was der Mensch ist, so wenig weiß ´man`, wer oder was, ja ob überhaupt etwas sich hinter dem Wort "Gott" verbirgt.

Daran hat schon die *Bibel* Schuld.

Gottes Selbst-Offenbarung im Buch Exodus erweist es deutlich: "Ich bin und werde da sein für euch" (3,14). Dies sei, heißt es verblüffend, Gottes "Name für immer".

Doch was heißt das? Die alte Weisheit, "das Wesen aus dem Namen (zu) lesen", versagt hier. Auch soll Mose dem Volk einschärfen, sich "kein Bild" von Gott zu machen (Ex 20,4). Kein Bild, kein Name. Und "keine anderen Götter" zum Vergleich!

Gottes Unbekanntheit verstärkt sich noch in jener Evangelium-Szene, wo der Teufel Jesus eine alternative Karriere vor Augen führt, die sicherer sei als der Ruf Gottes, und ihm einen Test vorschlägt. Doch Jesus erklärt, Gott sei nicht zu testen, keinem Experiment zu unterwerfen, ob und wie er ´funktioniert` (Mt = Lk 4).

Die Gute Botschaft von Gott, wie sie die Bibel seit Mose bereithält, lautet, ER selbst wolle für die Ihm Vertrauenden die gute, sichere Zukunft, Treue, Hilfe und Rettung vor tödlichen Mächten sein.

Doch Menschen der europäischen Neuzeit, von Kolonialismus, Kapitalismus und intellektueller Anarchie infiziert, verwandten viel Mühe darauf, den Gott des Glaubens, der sich zusagt, aber unberechenbar bleibt, als menschliche Selbsttäuschung zu entlarven: im Glauben, damit etwas zutiefst Unkalkulierbar-Verstörendes los zu werden.

Doch zutiefst ist der Mensch unbewusst religiös, will sein Herz an Größeres wenden, als er selber ist. Auch *Martin Luther* weiß: jeder Mensch will sein Herz an Etwas geben, und das, woran ein Mensch sein Herz hängt, sei eigentlich sein Gott.

Den verführerischsten der vielen "anderen" Götter kennt schon die Bibel. Sie könnten nicht Gott dienen und gleichzeitig dem Mammon, erklärt Jesus den Jüngern (Mt 6,24; Lk 16,13).

Später entdeckt *Karl Marx,* die ökonomische Struktur einer Gesellschaft spiegele sich in ihren Bewusstseinsformen.

Die offene und kaschierte Herrschaft des Mammon, Gier nach Akkumulation nehmen die moderne Gesellschaft so stark in Anspruch, dass ihr der Gott der Bibel verblasst, unwirklich vorkommt, wie eine Gestalt aus Kinderträumen.

Realer dünkt sie die zur Weltanschauung beförderte Kosmologie: der Mensch eine zufällige Mutation in der unvorstellbar langen Evolution des Weltalls, inbegriffen seine Hoffnungen wie seine Untaten. Im Weltall gelte von Anfang bis Ende das Prinzip des "survival of the fittest". Was also die Menschheit plant, tut oder versäumt, ob sie Zukunft hat oder sich abschafft, berührt das Weltall nicht, lässt es buchstäblich kalt.

Wenn der Kosmos, wenn die Natur so ´denkt` und handelt (sagt man), müssen die Schwachen sich anpassen oder gehen. Eine

Sicht mit Rückwirkung: der Mensch kein "Abbild Gottes", kein Träger übernatürlicher Würde, einzeln wertlos ("jeder ist ersetzbar").

Verwirft demnach der Mensch die "Hypothese Gott", ist er auf sich allein gestellt.

Zukunft erscheint dann offen, aber leer, wie leerer Raum. Leere, unbestimmte Zukunft ist aber auf Dauer unheimlich. So empfinden sensible junge Leute auch, zumal heute.

So suchen viele, gegen den Trend, persönlichen Halt, Lebenshilfe in Astrologie, in kosmischen Energien oder in "verschüttetem Wissen" von Vorfahren (Kelten, Mayas u.a.). Andere setzen auf Futurologie und *Science fiction* in Hoffnung auf vereinte, menschheitliche Stärke und Überlebenskunst..

Am Ende aller Bemühungen sieht der Mensch nur sich selber in mattem Spiegelglas: eine diffuse, in Parteien, *pressure groups,* Kampfverbände zersplitterte künftige Menschheit.

Ein namhafter Kinder- und Jugend-Psychiater in Heidelberg schlug 2017 öffentlich Alarm: unklare Zukunft, unsichere Berufschancen, strenge Auswahl, Zeit- und Leistungsdruck erzeugten bei zunehmend vielen jungen Leuten (bis zu einem Drittel) krank machenden Stress: drückende Angst, Depressionen, Verweigerung, Leistungsabfall, aggressiven Trotz, je mehr das Gefühl wachse, die eigenen Ressourcen könnten nicht reichen.

Eine Kollegin, Psychiaterin, privat befragt, gab ihm Recht.

In der Tat begegnete man verschreckten jungen Leuten, unter vier Augen vor Zukunftsangst zitternd, in Tränen aufgelöst.

In dem von Älteren oft beschworenen "Ernst des Lebens" erspüren viele einen erbarmungslosen Geist, der jene, die "nicht mitkommen", als unvermeidliche Opfer des Fortschritts - als "Ausschuss" - kühl einkalkuliert. Das auf globale Ziele geeichte Bildungs-, Wirtschafts-, Finanz- und Bündnis-System weiß - verschämt - um die Leiden von Tausenden, ja Millionen Menschenopfern als unvermeidlichen "Kollateralschäden" im Kampf der (vermeintlich) "Guten" gegen die "Bösen" und "Überflüssigen".

Da nimmt es nicht wunder, dass die jährliche Suizid-Rate von ca. 10.000 (Deutschland, Zentral-Europa), die Todesraten durch Verkehrsunfälle, Drogen und HIV zusammen weit übertreffend, ein zwar registriertes, doch niedrig gehängtes, verschwiegenes Faktum ist und bleibt.

*Luthers* berühmte Frage "Wie kriege ich einen gnädigen Gott?" verwandelt sich auf einer säkularisierten Zeitlinie in eine tiefer gelegte: Wie kriege ich eine *gnädige Zukunft*?

Die Zukunft erscheint vielen als anonym-gleichgültiger Mechanismus, als Moloch: *alternativlos,* mitleidlos.

In dieser Lage erinnert der Soziologe *Hartmut Rosa*[1], dass Menschen nicht lebensfähig sind, wo sie nicht Mitmenschen, ja die Welt überhaupt als "Resonanz-Raum" erleben. Menschen benötigen, um leben zu können, Resonanz auf sie selbst, die von Mitmenschen kommt, auch von Natur und Kunst, sodass sie im Erleben von Resonanz auf ihr Sein, Tun und Lassen sich selber erst *lebendig* wahrnehmen: dass sie Aufmerksamkeit empfangen, Zuwendung im weitesten Sinn erfahren.

Aber der regierende Mammon und seine Welt geben Resonanz fast nur auf Leute, die sich ihm unterwerfen. Die anderen - existieren nicht.

---

[1] Interview in Herder-Korrespondenz Nr.10 (2017),17-20; s.a. *H. Rosa,* Demokratie braucht Religion (München [5] 2022)

Telefon-Seelsorger berichten: manche Menschen rufen öfter an, als ihr Problem akut ist. Die Aufmerksamkeit der Person am Telefon ist ihr einziges Resonanz-Erlebnis: ich bin und werde *wahr*ge-nommen!

Der Soziologe fügt an: Menschen treten mit der Ahnung ins Dasein, auf eine *letzte* Realität - "das Umgreifende" (*Karl Jaspers*) - gepolt zu sein, die oder das ihnen Resonanz gibt, deren Resonanz auf ihr Dasein sie wenigstens wünschen, erhoffen.

Eines der "Galgenlieder" von *Christian Morgenstern* ahnt davon etwas:


*Ein Hase sitzt auf einer Wiese,*

*des Glaubens, niemand sähe diese.*

*Doch, im Besitze eines Zeißes,*

*betrachtet voll gehaltenen Fleißes*

*vom vis-à-vis gelegnen Berg*

*ein Mensch den kleinen Löffelzwerg.*

*Ihn aber blickt hinwiederum*

*ein Gott von fern an, mild und stumm.*


Die Hintergründigkeit des Lebens wird zum Thema: Der Hase sieht bloß die Wiese; der Mensch sieht Hase und Wiese; "ein Gott" sieht alle drei.

Wirklich ist nicht nur, was man vor sich sieht. Das Leben von Hase und Mensch ist auch hintergründig, selbst ohne ihr Wissen oder

Bewusstsein: Hintergrund ist zuletzt "ein Gott", dessen Auge auf ihnen ruht.

Die Ahnung davon bekunde sich - so der Soziologe - in dem Lied-Vers von *Paul Gerhardt*:

*"O dass mein Sinn ein Abgrund wär` / und meine Seel` ein weites Meer / dass ich dich möchte fassen"*.

Der *Mensch ist abgründiger*, als das Tagesbewusstsein denkt und weiß. Auch jene, die im Dienst des vielköpfigen *Mammon*, sich aufreibend, ´funktionieren`, spüren und erleben die Endlichkeit *seiner* Welt und Wertschätzung.

Darum wird das Evangelium nie überflüssig, nie ausgekostet sein oder werden, gleichgültig wie die Ausrufe der Marktschreier lauten.

Auch heute tun Christinnen und Christen deshalb gut daran, sich auf Menschen einzustellen, die bei ihnen von Gott hören wollen, aber wegen des vorlauten Geschreis der Straße sich nur diskret nähern, wie ehedem *Nikodemus*, der sich bei Nacht zu Jesus wagt, um seine Botschaft, sein Von-Gott-Wissen zu erfahren und Hoffnung zu schöpfen.(Joh 3,2)

Damals wie heute suchen viele die *Alternative menschenwürdigen Lebens* für sich und andere. Sie haben die zahllosen Men-schenopfer für *Ego* und *Mammon* satt. Sie selbst sind - vielleicht nur knapp - Überlebende, Entronnene und fragen nach der *Menschenfreundlichkeit* Gottes, von der die Bibel weiß.

Wo man heute hohe Summen aufwendet, um die - vor den unermesslichen Räumen und Zeiten - vermutlich ohne Echo verhallende Frage "Sind wir allein im Weltall?" zu klären, gibt der *Gott der Bibel* seine Antwort gratis: "Ich bin da! Fürchte dich nicht! Ich bin mit dir!"

Diese Zusage hat, ehe sie beim modernen Menschen ankommt, allerdings das Übersetzungshindernis zu überwinden.

Denn sie ist in Grundbestand und Bildsprache zweitausend Jahre alt, in manchen Teilen noch älter. Daher ist *Vermittlung, Verdolmetschung* nötig und gefragt.

Die Bibel bedient sich auch im Neuen Testament nicht selten einer *mythischen* Sprache.

Diese benützt Elemente, Ausdrücke der Mythologie zumal der semitischen Alt-Völker des Nahen und Mittleren Orients.

Ein christlicher Glaubens- und zugleich Fest-Inhalt wie etwa "die Himmelfahrt Christi" ist *geprägt* von dieser altorientalischen Sprach-, Bild- und Denk-Welt.

Die mythische Sprache ist gleichsam das *Gewand*, das die Botschaft *einkleidet*, *nicht* schon der *Inhalt* - ein wesentlicher Unterschied!

Mythen und ihre Sprache kleiden menschliche Elementar-Erfahrungen in Wort und Bild. Es sind Erfahrungen oft nach Art von Gelegenheits-Eindrücken, die eher im Abstand und Zurücktreten vom Alltäglichen, in *besonderen* Augenblicken auftreten.

Man kann diese Art Erfahrungen, die gewöhnlich zu schlafen scheinen, gelegentlich aber eruptiv ausbrechen, in Anlehnung an *C.G.Jung* archetypisch nennen.

Zu ihnen gehört das Dunkle, Unheimliche, Böse, Leiden, der Tod -- ihnen treten entgegen das Helle, Heitere, das frühlingshafte Licht, die Leben weckende *Sonne* - uraltes Sinnbild des Guten, der Güte.

Wir Moderne treiben seit Neuzeit und Aufklärung zur vordergründigen Beruhigung experimentelle Wissenschaft mit erstaunlich geschärftem Verstand (wie die Aufklärung empfahl), verspüren aber, dass wir in der Seelen*tiefe* uralten Beunruhigungen, Ängsten, Schuldgefühlen, auch Träumen, Sehnsüchten und Hoffnungen ausgesetzt sind.

Der antike Mensch empfand diese Regungen unmittelbar, ja gesteigert ins Übermenschliche, in der Begegnung mit der Natur und ihren Rhythmen: als Kampf zwischen Licht und Dunkel, zwischen Leben und Tod.[2]

Zweites Erfahrungsfeld waren ihm *Zeit* und *Geschichte*.

Er war ja nicht bloß Zuschauer, sondern mitten hinein verstrickt, gefangen, mit gezogen, erlebte er doch in Herbst und Winter das lange Sterben der Sonne, dann den Umschlag, ab dem sich ihre Lebenskraft erneuerte, bis sie siegreich über das beklemmend drohende Dunkel, neues Leben weckend, wieder zur Höhe des Himmels aufgestiegen war.

Im Auf und Ab von Sterben und Auferstehen sah der Mensch sein eigenes Schicksal übergroß an den Himmel projiziert:

Und wie er erlebte, dass Menschen aufblühten und starben, so fürchtete er auch um das Überleben der Leben spendenden Sonne: ermüdete sie doch abends, sank endlich ins dunkle Grab, bis sie frühmorgens aus ihrem Grab erstand.

Dazwischen aber herrschte die Finsternis, unheimliche Mutter des Bösen und des Todes. Ihre Macht weckte die bange, uns "Moderne" kindlich anmutende Frage: Wird die Sonne wieder, noch einmal zum

---

[2] Dargestellt z.B. von *R. Guardini*, Der Heilbringer (Mainz 1946 / 1979), Kap. I Die Götter und der Mythos.- Verständnislose Aufklärer wie *Marx-Engels* bezichtigten die ´unaufgeklärte` Menschheit, sie habe sich von der Natur "imponieren lassen wie das Vieh": Feuerbach (Dt. Ideologie I)

Leben erwachen, Angst und Tod bezwingen, ihre Segensherrschaft über Himmel und Erde wieder aufnehmen?

Wenn in seltenen Momenten die Sonne sich mitten am Tag verdunkelte, die Finsternis sie einholte, hielten (halten auch heute!) alle Lebewesen den Atem an, schien doch der Tod die Sonne, dann Mensch und Tier mitten im Lauf zu packen, ihr Lebenslicht zu löschen.

Auch aufgeklärte Menschen von heute verspüren den Nachklang so ursprünglicher Seelenängste und Hoffnungen, wenn etwa in der dunklen Zeit des Jahres die Lebensgeister ermatten, Schwermut aufkommt und Ahnungen von Tod verstärkt. Die 'Über'-Lebenden zünden Hoffnungslichter an im Bestreben, das Dunkel taghell zu machen, um die sich regende Angst zu dämpfen.

Das alles geschieht mit uns, wir empfinden es auch heutzutage, obwohl der Kopf weiß von der täglichen Drehung der Erde, von deren Achsen-Neigung wie auch einjähriger Wanderung um das Zentralgestirn mit allmählicher Entfernung von ihm und erneuter, schwach merklicher Annäherung an es.

Doch wissen wir dank Schulwissen heute zudem, dass der Zyklus von Leben und Tod, von Sein und Nichtsein auch die Sonne im Griff hat (in unvorstellbar langer zeitlicher Dehnung) und dass er sich durch das gesamte Weltall zieht in Entstehung und Auflösung von Elementen, Sternen, selbst Galaxien.

Die unvorstellbare Geschichte von Aufflackern und Verglühen im Weltall erscheint heute, ähnlich wie früher, als ein unaufhörlicher Kampf zwischen Licht und Finsternis - und die Finsternis kann, nach Berechnungen, einst den Sieg davontragen.

Bei allem Kopf-Wissen von "schwarzen Löchern" im Weltall weiß auch der heutige Mensch von jenem "schwarzen Loch" seiner

Biographie, in das er selber einst - früher oder später - hineingezogen wird und wovor ihn keine Wissenschaft bewahrt.

Auch das eigene, auf die biographischen Jahreszeiten achtsame Leben lässt sich unterteilen in die Phasen Frühling, Sommer, Herbst und Winter.

Vor diesem Hintergrund kann auch dem naturwissenschaftlich belehrten Menschen die mythische Sprache verständlich werden - spricht sie doch Erfahrungen an, die wir nicht nur mit dem Kopf, sondern auch mit der Seele erleben.

Dabei ist eine Besonderheit zu beachten wichtig.

Antike Mythen sind verständlich als (vorbiblische) Offenbarung, die eine *Immer-schon-Erklärung* bietet. Sie sprechen von Geschehnissen, die sich *immer schon* ereignen, aber in vorgeschichtlicher "heiliger Zeit" grundgelegt wurden. Und sie leiten das Geschehen von übermenschlichen, d.h. ins Göttliche (Gott-artige) erhobenen Mächten ab.

Götter sind, anders als Menschen, ewig insofern, als sie trotz ihrer Schicksale, denen sie unterworfen sind, rhythmisch (zB jahreszeitlich) *wiederkehren,* also in diesem Sinn un-sterblich sind.

Ihnen unterstellen sich Menschen durch Abhaltung periodisch wiederkehrender Feste für deren *Ehre* sowie *Hilfe,* um so *auf Zeit* teilzuhaben an ihrem wohltätigen Leben.

Kein unangemessenes Benehmen soll die göttlichen Mächte stören oder herausfordern.

Denn die ehrfürchtig Feiernden sollen Anteil bekommen an der "heiligen Zeit", am heiligen Ursprung der Welt, vorausgesetzt, sie vollziehen ehrfürchtig-treu die geheiligten Riten des Festes. Haben

Menschen in der Zeit oder feiernd gefehlt, sollen Opfer die Gottheit versöhnen (ein urmenschlicher Brauch).

Aufmerksam teilnehmend erlangen Menschen ´Gleichzeitigkeit` mit den Göttern und gelangen aus der Zeit zurück in den ewigen Ursprung.[3]

Die Ewigkeit, d.h. das Sein und Verweilen im und beim Ursprung macht *heil*.

Zeit und Geschichte jedoch sind voller Störungen, sind unheilig-heillos, erzeugen Furcht und das Bedürfnis, mittels Opfer Beistand, ja Gnade zu finden.

Hier bringt der biblische Glaube eine unerhörte Neuerung ein.

Er beruft sich ja auf einen Gott, der sich *in der Zeit, in der Geschichte* verlautbart (Könige, Propheten beruft, seinen "Sohn" sendet).

Er tut sich nicht nur in ewigen Ordnungen kund, sondern *in deren Unterbrechung, im Wandel,* in der *Zeit,* in *Ereignissen* der Zeit, der Geschichte. *Gott wird quasi selbst Ereignis.*

So erscheint ein bis dahin ungeahnt *neuer* Zugang zu Gott: Gott *in* der Zeit, zu Gott *durch* die Zeit.

*Der biblische Gott* durchbricht *zeitweise* die Natur-Ordnung ´ewiger Wiederkehr`, enthüllt sie als *nicht heilig, nicht-göttlich* (wohl aber von ihm, dem Schöpfer, bestellt).

Der Gott der Bibel ist zunächst Der, der sich seinem Volk durch eine Reihe *geschichtlicher* Rettungs- und Befreiungs*taten* kenntlich

---

[3] Zu den grundlegenden Zusammenhängen s. z.B. *M. Eliade*, Die Religionen und das Heilige (dt. Salzburg o.J.); *ders.*, Kosmos und Geschichte (dt. TB Frankfurt/M. 1994)

gemacht hatte, angefangen mit der Herausführung aus dem Pharaonen-Reich.

Dieses hatte sich einer nach Mose benannten Gruppe von Hebräern als Arbeitssklaven bemächtigt. Ihr Entkommen aus der Sklaverei mit Hilfe von Plagen, des Durchzugs durch ein Schilfmeer und der glücklichen Wanderung durch die Wüste bis ins Kulturland Kanaan *begründete* den Glaubensverbund Israel und dessen (allerdings gefährdete) Treue zu seinem Gott JHWH. (Zum geschichtlichen Fundament s. Bibellexika, Art. "Auszug")

Dieser hatte sich ja als mächtig in *geschichtlichen* Ereignissen erwiesen und *darin* erkennen lassen, dass seine Macht *auch* die Herrschaft über Naturkräfte einschloss.

Seine bevorzugte Offenbarung aber waren und blieben *Ereignisse, helfende Eingriffe* in die *Geschichte* des von ihm erwählten Volkes.

Dass der über die Geschichte mächtige Gott JHWH auch die Naturmächte beherrscht, erhob ihn in Israels Bewusstsein weit über die *Götter* der Nachbarvölker, da sie, nur über die Natur (nicht über Geschichte) mächtig, nicht *all*mächtig sein konnten.

Israels Propheten hatten nun die Aufgabe, das Volk immer wieder zur Raison zu rufen: die Fremd-Götter und ihre Bilder seien nichtig (*tohu*), kraftlos, nutzlos (zB Jes 44,9f).

Die religiösen Volkslieder, die Psalmen, erinnern die Gemeinden wiederholt: JHWH allein verfügt auch über all jene Kräfte, welche eure kanaanäischen Nachbarn dem *Baal* und anderen Gottheiten zuschreiben.

Diese wurden auf verschiedenen Trägern dargestellt, die auch in Israel umliefen.

Erhaltene bildlich-figürliche Darstellungen aus Ugarit zeigen etwa den kanaanäischen Fruchtbarkeitsgott *Baal* mit Keule und einer zum Blitz geformten Lanze.

Der biblische Glaube betont jedoch, JHWH seien all die Attribute auch eigen, die Kanaan *Baal* zuschreibt: JHWH der Geschichte *und* der Natur mächtig!. So preist der 104. Psalm JHWH, der in den Wassern seine Wohnung baut, sich Wolken zum Gefährt nimmt und wandelt auf den Flügeln des Windes (v 3). Ähnlich preisen JHWH`s Allmacht etwa die Psalmen 18, 29, 68 oder 93.

Der Prophet *Jesaja* verwendet ähnliche Bilder, um JHWH`s Macht gegen Widerstrebende zu veranschaulichen (19,1; 27,1).[4]

So wird deutlich: der biblische Glaube zitiert mythische Bilder, um *daran* die Naturmacht, zugleich die sie *über*greifende, *andersartige* *Geschichts*macht seines, des biblischen Gottes deutlich zu machen: Mythische (Natur-) Elemente werden gleichsam Schale oder Gefäß für die Botschaft von einem neuen, *all*mächtigen Gott, der nicht seinesgleichen hat.

Zudem spielt der ägyptisch-altmesopotamische Mythos vom Sonnengott in den Volksglauben herein.

In der Bibliothek von König *Assurbanipal* lagerte der "Große Hymnus" auf den Sonnengott *Schamasch*. Er galt als Hirte und Hüter aller Menschen und Lebewesen. Sein Licht enthüllt alles, auch das Verborgenste; er richtet mit Weisheit, straft Übeltäter, hält aber Wohltäter am Leben.

---

[4] Ausführlich mit Beispielen informieren darüber *W.H. Schmidt*, Königtum Gottes in Ugarit und in Israel (Berlin [2]1966); *ders.*, Alttestamentlicher Glaube in seiner Geschichte (Neukirchen-Vluyn [7]1990), 161-169; *O. Loretz*, Ugarit und die Bibel - Kanaanäische Götter und Religion im AT (Darmstadt 1990)

Auf akkadischen Rollsiegeln vom 3. vorchristlichen Jahrtausend sieht man *Schamasch* als Richter und Kämpfer für das Recht.[5]

Eines davon zeigt, wie aus *Schamasch* Flammen schlagen und zwei Wächter für ihn die Torflügel des Ostens aufreißen. Mit kraftvollem Sprung wie ein Held bricht er hinter den Bergen hervor, setzt zu seinem Lauf an, um als König und Richter je neu seine Herrschaft zu errichten.[6] So erscheint die Sonne als *Aufsteiger* par excellence, als unwiderstehlicher *Sieger,* dem ein Gewitter-Gott wie *Baal* zwar nacheifert, den er aber wegen periodischer Schwäche nie erreicht.

Im großen Hymnus des Pharao *Echnaton* an den Sonnengott *Aton* wird dieser als alleiniger Schöpfer, Wohltäter und Vater bezeichnet. Auf altägyptischen Stelen sind die Strahlen des Sonnengottes zudem häufig als helfende Hände symbolisiert.[7]

Die *Verehrung des Sonne-Gottes in Nachbarvölkern* konkurrierte mit Israels Glaube an JHWH, sodass es sich dieser Konkurrenz stets neu erwehren musste.

Der priesterliche Schöpfungs-Hymnus in 1 Mos 1/Gen 1 tut dies schlicht so, dass er die Sonne, die "große Leuchte", zu einem *Geschöpf* Gottes erklärt und ihm so die göttliche Aura nimmt (Gen 1,14; Ps 136,7-9).

Entgötterung der Sonne geschieht auch im 104. Psalm (v 19), wo Sonne und Mond als Befehlsempfänger JHWH`s vorgestellt sind.

---

[5] *O Keel,* Die Welt der altorientalischen Bildsymbolik und das AT (Darmstadt [Liz.-Ausg.] [3] 1984), 46.188

[6] Siehe *O. Keel / S. Schroer*, Schöpfung. Biblische Theologien im Kontext altorientalischer Religionen (Göttingen/ Fribourg [2] 2008), 78

[7] Nach *W. Beyerlin,* Textbuch (1975) 43-46. Auswertung des Hymnus z.B. bei *Keel / Schroer*, Schöpfung, 163-166

Derselbe Psalm sieht in JHWH auch die Macht von Kanaans Gott *Baal*, wo er JHWH als "Wolkenfahrer" und Herrn der Winde erkennt (vv 3-4).

Zudem weist er JHWH ausführlich auch die (von *Echnaton*) Ägyptens Sonnengott *Aton* zugeschriebene Fürsorge zu.

Den biblischen Schlusspunkt setzen Propheten wie *Amos* und *Joel,* die Gottes Gericht damit veranschaulichen, dass JHWH das Undenkbare vollbringen werde: mitten am Tag die Sonne untergehen, Finsternis werden (Am 8,9; 5,8.18.20), ja die Sonne *sich* in Finsternis *wandeln* lassen (Jo 2,10; 3,4).

Dieses Unvorstellbare - die Verwandlung des helllichten Tags in Finsternis - sehen die Evangelisten bei Jesu Sterben am Kreuz sich erfüllen (Mk 16,33; Mt 27,45; Lk 23,44f).

Sie zeigen auf diese Art (die Entmachtung der Sonne) an, dass Israels Gott von ganz anderer Art, Macht und Größe sei, als es Menschen bis dahin fassen und wissen konnten.

Dennoch wurde das Symbol Sonne noch einmal aufgegriffen.

Der Prophet *Maleachi* hatte für die Gottesfürchtigen Israels den Aufgang der "Sonne der Gerechtigkeit" (*šemeš zedaqa*) angekündigt (Mal 3,20).

Die frühen Christen sahen diese Ansage erfüllt in Jesus Christus, war der Sonnenaufgang doch Sinnbild des Auferstandenen (Mk 16,2) und Anlass zu der Sitte, sich am "Tag des Herrn" (JohApk 1,10) vor dem Morgenlicht (*Plinius: ante lucem*) zur Dankfeier (Eucharistie, "Mahl des Herrn": 1Kor 11,20) zu versammeln.

Die Christen kamen so früh dazu, im *Sonnen*aufgang das Sinnbild des Auferstandenen zu sehen, den 1. Tag der Woche als *Sonn*-tag, Tag der Auferstehung, des Lebens zu feiern.[8]

Die umfassende Heil- und Ordnungskraft, die schon die alten Akkader und Ägypter dem Sonnengott zugeschrieben hatten, wurde so auf Christus übertragen.

Dass der "Tag des Herrn" als "Sonn-Tag" zum Feiertag wurde, verdanken die Christen dem Umstand, dass die spätrömischen Kaiser im 3. Jahrhundert den syrischen Sonnen-Kult übernahmen und die Sonne, den "unbesiegten Gott", zum Reichsgott erhoben.

Dieses Sonnwendfest wurde im Zuge der Christianisierung des Reiches zum Geburtsfest des auferstandenen Christus umgelenkt.-

Auch 2000 Jahre später können Menschen die alte, mythische Bildsprache verstehen, sobald ihr Hintergrund eröffnet ist. Ihre subrationale Einfühlungs- und Erlebnisfähigkeit erlaubt ihnen auch heute das Verstehen biblisch-altorientalischer Bild- und Symbolsprache.

Zudem haben die biblischen Autoren die Entgötterung von Sonne, Mond, Donner und Blitz sowie anderen Kräften konsequent betrieben.

So ist der öfter gehörte Einwand, das "Weltbild der Bibel" bleibe unterhalb des wissenschaftlichen Fortschritts, gegenstandslos.

Die biblischen Autoren bestehen darauf, Gottes Macht und Wirken seien *nicht* von irdisch-kreatürlicher Art. Dennoch sei Gottes Art und Wirken mit Kraft und Wirken von Geschöpfen (Sonne, Gewitter usw.) behutsam vergleichbar. Die Wirkmacht der Geschöpfe lasse behutsame Vergleiche mit oder Analogien zu Gottes Wirkmacht zu,

---

[8] Einzelheiten bei *J.A. Jungmann*, Missarum Sollemnia I (Wien-Freiburg-Basel [5] 1962), 22f

wie wir es für menschliche Akte auch akzeptieren ("Donnerwetter", "blitzartig" u.a.).

Allerdings kann menschlicher Hang zu Vereinfachung das Gottesbild simplifizieren und so unwahr machen (wie die wiederholte Neigung in Alt-Israel zeigt, *Baal* für den "Gott der Väter" einzusetzen).

Versuchen wir noch weitere Klarstellung.

Eigentlicher Bezugspunkt des Glaubens der Menschen der Antike, des Alten Orients waren *letztlich* übernatürlich-geistige Mächte, die in der Natur zum *Vor*schein kamen.

Man denke an die Sonne (*Schamasch*), die nach Bild und Wort Mensch und Tier behüten, das Land gerecht richten und Übeltäter bestrafen sollte.

Man denke an zerstören-wollende *Chaos*macht -unbändiges Meer, Flut (*Jam*) - und Tod (*Môt*), die als welt-beherrschende Letzt-*Mächte* erfahren wurden (bis heute empfunden werden), deren Einfluss stets spürbar ist, denen aber die *Gegen*macht des *Lebens* (*Baal/ Hadad*) gegenübertrat, Wunder vollbringend (wie den wunderbaren Frühling, die Früchte der Erde).

Das mythische Weltbild weiß Naturkräfte und Götter annähernd zu unterscheiden.

Es vergöttlicht nicht Naturkräfte, sondern ahnt hinter ihnen person-ähnliche Mächte mit *Herr*schaft (= Baal) über Leben, Glück und Unglück.

Wider-Mächte wie Chaos-Macht und Tod wurden lebendig, raubtier-artig, monsterhaft als Drache oder Schlange dargestellt - im Falle von Môt (Tod) als Mischwesen aus Schlange, Schakal und Geier, gekrönt von einem Menschenkopf.[9]

---

[9] Abbildung mit Erklärung zB bei *Keel*, Altorientalische Bildsymbolik, 67f

Der Alte Orient sah die teils verderblichen, teils helfenden (Über-) Mächte nicht nur in der Natur am Werk, sondern ähnlich in unbeeinflussbaren *geschichtlichen* Ereignissen wie Krieg, Zerstörung, Versklavung, umgekehrt in Ankunft von Friede und Gerechtigkeit.

Die Bibel verwirft die Grundbedürfnisse und Sehnsüchte der Menschen nicht, sondern nennt ihnen einen *anderen Adressaten.*

Einen Adressaten, der sich in Zeit und Geschichte zu erkennen gibt; nicht mit anderen Göttern konkurrieren muss; nicht Raum und Zeit *unterliegt,* sondern - da *transzendent* - sich ihrer bedient,

In anderem Sinn spitzt sich das Verständigungsproblem heute zu auf die Frage, ob der moderne Mensch überhaupt noch Zugang zu *Gott* habe, ob nicht der - kosmisch geweitete - Naturalismus die menschlichen Bedürfnisse erfülle, den früheren Hunger nach Gott stille.

Manche sagen, die Figur "Gott" habe "ausgedient"; man begreife heute, dass es nur auf den *Menschen* selbst ankomme: "auf seine Tüchtigkeit, sein Können und Wissen".

Eine von vielen vielleicht mühsam errungene Einstellung. Doch könnte, wer so denkt, überlegen, wie man sich zum *Tod* stellen will, der zumal wenn er früh-unerwartet kommt, als "Killer" von Sinn und Zukunft auftritt. Der Tod markiert Grenze, nicht Zukunft.

Nicht von ungefähr setzen heute "Bio-Ingenieure" auf den wissenschaftlichen Sieg über Krankheit und Tod.

Auch ist zu bedenken, dass bei begrenzten Ressourcen, unterschiedlichen Traditionen und Denkstrukturen von Menschen, Völkern und Kulturen "legitime" Interessen rasch zu Gegensätzen werden und der "gute Wille" an Grenzen stößt.

Manche setzen auf die *Evolution*: von ihr habe die Bibel nichts geahnt, der Macht der Evolution dürfe man trauen: sie bringt, wo man sie achtet, Leben hervor und hegt es.

Eine begrenzte Optik. Evolution bringt unfassbar vieles, auch Widersprüchliches hervor, ist kaum beeinflussbar (sie übersteigt den menschlichen Zugriff um Milliarden Lichtjahre) und arbeitet (wegen der Komplexität der Materie) äußerst langsam. Wer auf sie zur Erzeugung des Guten/Besseren setzt, wird es weder selbst noch in seinen Kindern erleben.

Der bekannte Logotherapeut *Viktor Frankl* zitiert einmal zustimmend die Einsicht eines Patienten: "Die Menschen sind ganz selbstverständlich natur- und gottverbunden, nur wissen sie nichts davon".[10]

Der Patient wie auch *Frankl* meinen zumal den modernen Menschen, dessen Religiosität zwar vorhanden, aber verschüttet ist: sie seien nicht gottlos, sondern unreflektiert (durch ihr Gewissen) mit Gott verbunden.

In Konfrontation mit archaischen Mythen und Glaubensaussagen hegen moderne Menschen den Verdacht von *Projektionen*: Menschen der frühen Geschichte hätten ihre Bedürfnisse auf Götter projiziert bzw. solche Götter erfunden: es handle sich um anthropomorph-soziomorphe Produkte, Projektionen uralter Ängste, Sehnsüchte an den Himmel. Hinzu komme ihre Funktion, damalige Herrschaftsformen durch eben diese Mythen zu legitimieren.

Die Kritik trifft partiell zu. Dennoch verfehlt sie das Entscheidende.

Mythen wie die oben skizzierten verdienen Aufmerksamkeit für ihre *grundlegende* Botschaft.

---

[10] *V.E. Frankl*, Der unbewusste Gott. Psychotherapie und Religion (München 1974), 55 Anm.2

Die kritische Aufnahme und partielle Verwendung altorientalischer und antiker Mythen durch biblische Autoren ruht auf der Einsicht, dass darin *Wahrheit des Menschenlebens* aufleuchtet. In ihnen erscheint erfühlte und ergriffene Wahrheit der menschlichen Existenz.

In Mythen ereignet sich, was der Philosoph *Martin Heidegger*[11] an einem altgriechischen Tempel ähnlich wie in einer attischen Tragödie wahrnahm: Eröffnung der Gegenwart des Gottes; auch Kampf und Sieg menschenfreundlicher Götter gegen feindliche Ur-Mächte. Eröffnung also der Grund-Wahrheit menschlicher Existenz in Wort und Bild.

Jedoch verbleibt diese Eröffnung der Wahrheit in jenen Beispielen im Bereich der *Physis*, der Natur, dennoch hindeutend auf *mehr*.

Die Eröffnung von bildhafter Wahrheit in den Mythen nützend konnten biblische Autoren ihre Botschaft in deren Formen einzeichnen, *weil diese, obwohl bruchstückhaft, Wahres bergen, das durch die JHWH-Offenbarung bestätigt, korrigiert, ergänzt und vollendet wird.*

Die biblischen Schriftsteller setzen offenbar voraus, dass die Mythen genügend zeitlose Wahrheit enthalten, um sich als *Gefäße* für die Offenbarung jener Wahrheit zu eignen, die "kein Auge gesehen, kein Ohr gehört hat, keinem Menschen in den Sinn gekommen ist" (Jes 64,3; 1Kor 2,9). *Jesaja* und *Paulus* denken an Gottes Weisheit (offenbart in Gottes Liebe), die tiefer, jenseits dessen sei, was Menschen ahnen und sich ausdenken können.

Doch eindeutiger als die Mythen beklagen sie das Geheimnis des *Bösen*, das unverstanden zwischen Gott und Menschen steht: "der Knecht JHWH`s erkennt das Geheimnis des Leidens darin, dass es

---

[11] Der Ursprung des Kunstwerkes (Stuttgart 1960/1988)

ein Leiden um Gottes und seines 'Begehrens' willen gibt",[12] ein Geheimnis, das in Jesus Christus zur geschichtlichen Person wird.

Man kann (etwa mit *R. Bultmann*) das Böse im "Verfallen-sein an die Welt" sehen wie auch im Versuch, sein Leben prinzipiell "eigenmächtig" (autonom) verantworten zu wollen, statt sich dem Unverfügbaren zu stellen, sich von ihm ansprechen zu lassen.

Das *Unverfügbare*, dem sich jedes Menschenleben aussetzt, war den Alten in den Mythen wohl bewusst, während der moderne *Homo Faber* das Unverfügbare überwinden und verschwinden lassen will.

Das Unverfügbare ist jedoch ein Aspekt jenes "Resonanz-Raumes" (*H. Rosa*) der Welt, den auch der heutige Mensch sucht, um leben zu können.

Die wichtigste Botschaft des NT liegt nicht zufällig im Bekenntnis des *Paulus*: "ich lebe im Glauben an den Sohn Gottes, der mich liebte und sich für mich dahingab" (Gal 2,20).

Hier geht der Mut zum Unverfügbaren zusammen mit der Bereitschaft zur Begegnung mit Christus und erwirbt Sinnstiftung zu einem neuen Leben.

Ein Leben, das die "physische, raumzeitliche, leibhaftige Existenz" in Welt und Geschichte umfasst, statt den biblischen Ruf zu einem bloßen existenziellen Akt zu verkürzen.[13]

Die antiken Mythen handeln, wie gezeigt, nicht einfach von Naturkräften, sondern von tiefgründigen Mächten und Gewalten

---

[12] *M. Buber*, Der Glaube der Propheten (Zürich 1950), 326

[13] *K. Rahner*, Theologische Prinzipien der Hermeneutik eschatologischer Aussagen: Schriften zur Theologie IV (Einsiedeln-Zürich-Köln 1960), 411

geistiger Art, die sich freilich in Naturkräften und Naturereignissen spiegeln können.[14]

Der moderne Mensch vergisst leicht eine schlichte Wahrheit wie diese:

„Die Vergangenheit ist das Moment der Identität im Menschen,...das Unerbittliche und Schicksalhafte."[15]

Nicht nur entrinnt der sich modern fühlende Mensch der Vergangenheit nicht, diese macht vielmehr seine eigene Orientierung in der ´modernen` Welt erst möglich – und zwar umso klarer, ausdrücklicher, voller, als er Ansätze und Einsichten der Vorfahren aufnimmt und verarbeitet.

Ein Standard-Spruch des modernen „Homo Faber" lautet bekanntlich: *Wird gemacht!* Oder: *Ich mache das schon!* Dabei vergisst er leicht, dass er nichts machen kann, wenn ihm nicht zuvor etwas *widerfährt:* eine Anfrage, Bitte, Wahrnehmung, ein Ereignis, eine Erfahrung, ein *Schicksal.*

Erfahrungen macht ein Mensch, dem bei seiner Ausfahrt in die Welt etwas *wider*fährt. *Ehe* ein Mensch tätig, ehe er *aktiv* werden kann, muss er *passiv* sein, etwas erlitten haben oder erleiden. Insofern sind Menschen dank ihrer Konstitution schon immer quasi vorausbestimmt, ist das *Schicksal* früher als das ´Machsal`.

Aus solcher Grundbedingung des Menschseins erwächst die Aufgabe der *Hermeneutik.*

---

[14] Daher korrigierte der bekannte Exeget *Heinrich Schlier*, Schüler *Bultmanns,* in seiner Studie "Mächte und Gewalten im NT" (Freiburg/Br. 1958) das verkürzte Weltbild seines Lehrers.

[15] *J. Ortega y Gasset,* Geschichte als System (Stuttgart-Berlin 1943), 64

Da jeder Mensch nie beim Nullpunkt anfängt, sondern sein Leben übernimmt als Glied und Zeitgenosse seiner Gesellschaft mit deren Geschichte, kann er auch erst etwas verstehen, wenn ihm schon Verstandenes widerfährt, wenn ihm, eigenem Verstehen zuvor, von anderen Verstandenes, in seiner Familie, in seiner Gesellschaft Verstandenes widerfährt.

Dieses zuvor Verstandene begegnet ihm sprachlich, als mündliches oder geschriebenes Wort, als (An-) Rede oder als Text. In beiden Formen des Wortes widerfahren dem Menschen frühere Interpretationen von Welterfahrung.

Als „Geist in Welt" unternimmt es der Mensch, weil darauf angewiesen, das worthafte Stück Welt (-Erfahrung), Rede oder Text, verstehend sich anzueignen, sich verstehend einzuver*leiben*.

Denn „im Fremden das Eigene zu erkennen", ist nach *Hegel* Grundbewegung und Grund-erfahrung des Geistes. Unser Verstehen kommt zustande mit Hilfe unseres durch vielerlei – *an*geeignete (fremde wie *frühere*) – Vor-Verständnisse gebildeten Verstehens-Horizontes.[16]

Insofern ist jede Zunahme von Verständnis im Bedenken von Welt und Leben, zumal auch in Begegnung mit den gedeuteten Erfahrungen der Vorfahren, ein not*wendiges* Schicksal. Daher empfiehlt es sich stets, in unser Nachdenken über Leben und Schicksal Erfahrungen und Zeugnisse der Früheren einzubeziehen.

Mit deren Hilfe lernt ein Mensch, sobald er schärfer die Welt versteht, die ihm täglich im Detail, gelegentlich auch einschneidend begegnet, sich klarer zu sich selbst und zur Welt zu verhalten.

---

[16] *H.G. Gadamer*, Wahrheit und Methode. Grundzüge einer philosophischen Hermeneutik (Tübingen ⁶ 1990) 271

Im Sinne moderner Hermeneutik gesprochen, widerfährt uns die Welt stets schicksalhaft, indem sie uns ereignishaft, geschichtlich, in sprachlichen Mustern und Modellen trifft.

Da es im Leben besondere Situationen gibt, in die wir „geworfen" werden, hilft uns das Bedürfnis, das eigene Schicksal zu verstehen, dieses zu erkennen als Aspekt „geschichtlichen Daseins", es zu verstehen auch aus dem Fundus einer Interpretations-Gemeinschaft (Familie, Gesellschaft, Volk), die uns Welt- und Lebens-Orientierung ermöglicht.[17]

Hierher gehören auch Verlautbarungen und Einsichten aus Glauben, religiöser Erfahrung.

Für den biblisch bezeugten Glauben heißt das: er ist nicht einfach schon durch die Lektüre einiger Seiten der Bibel zu verstehen, *denn* er wird überliefert, ausgelegt, gelebt, bezeugt in der Glaubensgemeinschaft der *Kirche*, die eminent hermeneutische, vitale, soziale Bedeutung für jedes Bemühen um Verständnis biblischer Glaubensaussagen hat und behält.

Hinzu kommt die theologische Bedeutung der Glaubensgemeinschaft, da der biblische Gott nicht zu verstehen ist ohne seinen *lebendigen,* freien,-konstituierenden Bezug zum Gottesvolk des Alten und Neuen Bundes.

Den grundsätzlichen Zusammenhang sieht auch ein Philosoph wie *Karl Jaspers:*

Auch der Philosophierende gewinne seine Erfüllung nicht im abstrakten Denken, "sondern in seiner Geschichtlichkeit". Darin verhalte er sich positiv sowohl zu seiner religiösen Herkunft wie auch zum allgegenwärtigen "Fluidum der Gottlosigkeit".

---

[17] G. *Vattimo,* Das Zeitalter der Interpretation, in: *R. Rorty / ders.,* Die Zukunft der Religion (dt. Frankfurt M. 2006), 49ff

Er sehe darin den Entscheidungskampf "um das Wesen des Menschen", der, sobald ihm Religion gänzlich fremd würde, seine Identität nicht festhalten könnte, sondern sich fundamental verändern würde. *Glaube* gehöre, aller Konfessionalität zuvor, wurzelhaft zum Menschsein: „Dieser Glaube ist *in* der Vernunft *mehr* als Vernunft".[18]

---

[18] K. *Jaspers*, Vernunft und Existenz (München 1960), 142f

# KÜNSTLICHE INTELLIGENZ (KI) -

# KÜNSTLICHER GLAUBE (KG) ?

Seit langem lebt eine stattliche Anzahl von Leuten in der Überzeugung, wir seien aus dem Altertum des Glaubens in die Neuzeit des Wissens eingetreten.

Diese Welt des soliden, beweisbaren Wissens expandiere seit dem ´Urknall` mit *Galilei, Newton, Kant* unaufhörlich, um alles bislang Geglaubte zu umfassen und aufzuklären. Den neuesten Beleg dafür sehen sie in der Entwicklung und Vollendung der Künstlichen Intelligenz. Man hat diese beeindruckende technische Entwicklung - seit langem von *Science-fiction*-Autoren ausgemalt - inzwischen auch für die Erfindung und Abhaltung von Gebeten und Predigten vorgeschlagen, bereits hie und da ausprobiert.

Viele Menschen hängen an dem, was sie "nach reiflicher Überlegung" vorschlagen, und ruhen nicht, ehe ihr Vorschlag ausprobiert wurde und ihnen den Ausruf entlockt: "Es geht!" Tatsächlich geht oft mehr als gedacht und produziert den Ausruf: Das ist ja unglaublich!

Im Klartext: Wieder etwas entdeckt, gemacht, das Glauben erspart!

Gegen solche Befriedigung ist nichts einzuwenden, weil Entdeckungen oft genug halfen und helfen, einen irrigen Einsatz des Glaubens zu erkennen und aufzuheben.

Gelegentlich ist der Sachverhalt aber komplexer, sogar geheimnishafter, als man ahnt.

Um weiterzukommen, versuchen wir, uns klarzumachen, was und wer wir Menschen als personale Wesen sind. Dazu diene beispielhaft folgender formalisierter Gedankengang:

Ich denke an etwas (Stuhl, Auto) oder an jemanden (Kollegin, Freund). Was oder wen ich *andenke*, ist ein Gedanke g. g f (x) [x = Stuhl, Mensch]. Der Gedanke g kann natürlich auch etwas Erkanntes, Erinnertes sein (zB Name einer Person; eine Multiplikation 3 x 7 = 21) oder Entdecktes (die Kanarischen Inseln sind vulkanischen Ursprungs / Auch der Mensch ist ein Produkt der Evolution). Doch immer gilt: g ≠ x, vielmehr g = f (x) !

Ich kann diese und andere Erkenntnisse zusammenfassen als mein Wissen. Mein Wissen besteht aus $n$ Erkenntnissen, die, allgemeiner gesagt, $n$ Gedanken sind.

Mein Wissen kann ich formal zunächst als *Folge* darstellen: f $(x_1 \ x_2 \ x_3 \ ... \ x_n)$

Jedem x entspricht ein Gedanke g: g = f (x).

Ich kann meine Erkenntnisse auch summieren. Ihre formale Abbildung wäre eine *Reihe* f $(x_1 + x_2 + x_3 + ... \ x_n)$. Diese Reihe enthält (im Gedankenspiel) z.B. alle Kenntnisse über die Geschichte Europas oder alle kosmologischen, paläontologischen, chemischen, hirnphysiologischen, psychologischen Erkenntnisse über die Entstehung des *Homo sapiens*, einschließlich (zugespitzt) aller Ursachen, Bedingungen, Umstände und Bausteine, die zu mir, zu meiner Existenz, geführt haben.

Jeweils ist $g_1$ f$(x_1)$ + $g_2$ f$(x_2)$ + $g_3$ f $(x_3)$ + ... $g_n$ f$(x_n)$.

Dann kann ich all diese Erkenntnisse darstellen als Reihe: $g_1$ + $g_2$ + $g_3$ + ... $g_n$.

Ich nenne diese Reihe die Summe aller Erkenntnisse, die mich ausmachen: meine Entstehung, meine Teile und Bausteine.

*Aber* mein Gedanke oder meine Erkenntnis, womit ich diese Summe aller Erkenntnisse über mich denke, ist *kein Teil* dieser Summe.

Vielmehr verhält sich der Gedanke, der die Summe aller Gedanken (Erkenntnisse), die mich betreffen, bedenkt, wie $n + 1$ zu $n$ Erkenntnissen. Bedenke ich alle Elemente, die mich ausmachen, ist dieses Bedenken – dieser Gedanke – *kein* Element der Summe des Wissens: $g_{n+1} = f(g_1 + g_2 + g_3 + \ldots g_n)$. Die Summe aller Erkenntnisse enthält nicht den Gedanken oder die Erkenntnis, welche die Summe erkennt (wie auch zB die Summe kein Summand ist).

Würde sie sie enthalten, wäre $g = x$, und $g \neq x$ bzw $g = f(x)$ wäre aufgehoben.

Der menschliche Geist enthält daher einen *Mehrwert*, einen nicht-objektivierbaren *Rest* bzw eine Art *Transzendenz* über alles innerweltlich Erkennbare.

Dagegen hat eine intelligente Maschine keinen Abstand zu sich selbst - keinen *wissenden* Abstand zu sich selbst, einen Abstand, wie er sich in einer beliebigen Formel, die Gegenstände und deren Relationen zeichenhaft darstellt, als wissende und gewusste und herrschende Beziehung repräsentiert.

Auch die derzeit vielberedete Künstliche Intelligenz (KI) kann erstens nichts wissen, was sie nicht als Grundlage oder als Programm hat. Und sie hat zweitens keinen wissenden Abstand zur Menge ihrer Algorithmen und Informationen. Möglicherweise entdeckt sie ´sich` einmal als Apparat, aber ohne *sich* als Apparat *véritablement* zu erkennen. Damit könnte auch ihre ´Selbstprogrammierung` begrenzt, das heißt, ein im Grunde auf das ´Handwerk` begrenzte Übung sein.

Künstliche Intelligenz (KI) kann daher auch *nicht beten*. Sie kann zwar intelligente Gebetstücke kombinieren. Aber sie kann nicht *sich selbst als* ein wissend-wollendes *Subjekt* und *Träger* des Betens einbringen.

Jedes Subjekt hat einen *wissenden Abstand zu sich* selbst, ein Abstand, der um sich selber wissende *Freiheit* ist.

Jede Intelligenz, die unprogrammiert-selbständig betet, sich Gebetszeiten sucht, Schweige- und Selbstfindungszeiten sucht, ist keine Maschine, sondern ein personales Subjekt.

Entsprechendes gilt für Vorschläge, in Zukunft KI für Gottesdienste einzusetzen, diese Predigten ausarbeiten und, im nächsten Anlauf, halten zu lassen, sodass ein amtlicher, vielleicht gerade indisponierter Prediger oder eine langweilige Predigerin (etwa im Fernsehen) entbehrlich würde.

Es gibt auch gläubig engagierte, Einsicht und Überzeugung vermittelnde Prediger, Predigerinnen, auf welche eine gläubige Gemeinde wartet, um sich ernstgenommen, ja gesendet zu verstehen.

Aber auch der "gigantischste" Computer mit allen ihm eingegebenen Programmen, Applikationen, Selbstregulierungsmechanismen kann nicht mutieren zu einem Wesen, das sich selbst als ganzes in Frage stellen und sich selbst in Freiheit gegenüberstehen könnte.

Auch hier bewährt sich das uralte, von dem spätantiken Denker *Boëthius* referierte Axiom der Erkenntnisphilosophie *Quidquid recipitur, secundum modum recipientis recipitur* - "was immer aufgenommen/angeeignet wird, wird nach Art des Empfangenden/ Aneignenden aufgenommen".

Ansprachen, die mehr sind als - intelligent reproduziertes - Wortgeklingel, erwachsen aus dem Fundus einer *Person*, eines personalen *Subjektes*, das sich im Durchgang durch die Welt vertrauend auf Gott, Anfang und Ende aller Dinge, bezieht.

KI glaubt nicht und wird nie glauben lernen, wenn wir Glauben gemäß biblischem Verständnis als *Vertrauen,* als *vertrauende, sich anvertrauende Existenz* verstehen.

KI kann also auch *nicht an meiner Stelle* glauben, beten, glauben *lernen.*

Manche träumen vom Überleben ihres Todes durch KI. KI kann meine öffentlich-historische Selbst-Inszenierung in Clips konservieren, Details neu kombinieren. Aber auch wenn KI die Konserven ´raffiniert` kombiniert, mein ´Ich` sich in neuen Kombinationen (Meinungen, Akten) verlautbart, bleibt all das "gekünstelt". Ein Griff von KI nach der *Seele von Verstorbenen* könnte nur misslingen. *Auch* deshalb, weil keine Person zu Lebzeiten sich voll auszeitigt. Hinzukommt: die Clips der *konservierten* Selbstauszeitigung einer Person unterliegen selbst der Zeit: veraltend verlieren sie ihren Weltbezug. Die raffinierte Konserve stirbt dann auch: den Tod der Missachtung - der Abschaltung.

## ENDE DER ZEIT - DER JÜNGSTE TAG

## A Evolutionäre Kosmologie

Moderne Menschen, durch Schule, Fernsehen, Magazine, Illustrierte und Soziale Medien belehrt und beeinflusst, vergleichen die biblische Weltschau unwillkürlich mit Elementen des modernen Weltbildes, zumal aus Physik, Astronomie und Kosmonautik.

Auch Visionen der *Science fiction* beschäftigen viele Gemüter.

Vor Jahren warb das Magazin "Bild der Wissenschaft" mit Beiträgen, betitelt "Der Jüngste Tag", über die Ansichten von Kosmologen zum Ende der Welt.

Der Titel suggerierte, moderne Wissenschaft sei fähig, Glaubensüberzeugungen aus Bibel und Tradition auf ihren Wahrheitsgehalt zu prüfen, gegebenenfalls zu korrigieren.

In drei langen Aufsätzen zum Thema stellte niemand, weder vorab noch beiläufig, die Frage, ob solche Gleichsetzung sachlich berechtigt sei. Vielmehr holte der Redakteur einleitend mit großer Geste aus: "Der große Zeitbogen des Christentums beginnt mit dem ´Am Anfang` und endet mit dem ´Jüngsten Tag`. Ob es diese beiden Zeitpunkte überhaupt in der dinglichen Welt gibt und was man sich darunter vorstellen kann, dafür sind die Wissenschaften von der Natur zuständig, vor allem die Physik und der Zweig der Astronomie, der sich mit der Entwicklung des Universums befasst, die Kosmologie".

Anschließend versuchte ein als Physiker vorgestellter Autor "eine moderne Version der biblischen Aussage", nach der "die Sterne vom Himmel fallen" werden.

Was vielleicht geistreich klingt, enthält einen Anspruch: moderne Theoretiker sind kompetent zu erkennen, wo die Bibel Recht hat und wo sie falsch liegt. Da geschieht eine Art Umkehrung der *Galilei*-Affäre anfangs der Neuzeit, als die römische Inquisition meinte, die erwachende Physik zensieren zu müssen mit Berufung auf biblische Aussagen.

Doch der von Redaktion und Mitarbeitern erhobene Anspruch ist verständlich. Zumal im "Christlichen Abendland" nähren Bibelleser und -hörer oft bis heute den Gedanken, das Weltgericht des "Menschensohnes", wie es Evangelien und Johannesapokalypse zeichnen, falle mit dem Ende des Planeten, Ende des Kosmos, Ende des Weltalls zusammen.

Vorstellungen dieser Art: *nicht* Theologie, vielmehr die "Wissenschaft" habe Kompetenz und Rüstzeug, biblische Bilder und Darstellungen auf Realitäts- und Wahrheitsgehalt zu prüfen, sind verbreitet, gelten vielen gar als selbstverständlich - schon deshalb, weil die Bibel ja kosmische Bilder und Vorstellungen verwende.

Selbst eine Kirchenzeitung belehrte die Leser vor wenigen Jahren, die Schöpfungserzählungen der Bibel seien von der Kosmologie "natürlich längst widerlegt" (enthielten aber dennoch Bedenkenswertes ...).

Versuchen wir, uns zu vergewissern, ob solche moderne Ansprüche und Meinungen zu Recht bestehen oder vielleicht - ahnungslos - Sinn und Botschaft der Bibel verfehlen.[1]

Die Menschen sprechen ja seit jeher unterschiedliche Sprachen, formulieren je eigene Erfahrungen mit ihrer Welt, leben somit in unterschiedlichen Denkformen, die sich ihre je eigene Bilder und Symbolsprache suchen. Viele Differenzen erklären sich daraus,

---

[1] Der Vf. behandelte das Thema schon unter diversen Aspekten: *Kosmos und Weltende - Theologische Überlegungen vor dem Horizont moderner Kosmologie* (2001); *Schöpfungsglaube im evolutiven Weltbild* (2014); *Schöpfung - Licht und Dunkel einer Botschaft* (2020): dort weitere Lit.

dass die in Bildern und Anschauungen enthaltene Welt- und Lebenserfahrung nicht beachtet, ja bewusst ignoriert wird, was zu Missverständnissen und Konflikten führt.

Dies gilt auch für die Auseinandersetzungen um das biblisch gemeinte Weltende.

Wir erinnern im Folgenden gerafft an gängige kosmologische Szenarien vom Welt-Ende.

Dabei mag der Hinweis nützen, dass derartige Szenarien hypothetisch-spekulativ bleiben, da mit jeder Art von Zukunft nicht experimentiert werden kann und die sie gestaltenden Einflüsse und Kräfte nur unvollständig bekannt und überschaubar sind.

Moderne Kosmologie setzt (sagt man) im Jahr 1929 mit *Edwin Hubbles* Entdeckung ein, dass Spiralnebel (Galaxien) außerhalb unserer Heimat-Galaxis "Milchstraße" je entfernter, desto schneller sich von unserem irdischen Beobachterstandort entfernen. Die fernsten Gebilde, deren Strahlen unsere Rezeptoren erreichen, sind Millionen, ja Milliarden Lichtjahre entfernt, ihre "Fluchtgeschwindigkeit" nähert sich der Lichtgeschwindigkeit.

Je tiefer man in den Weltraum blickt, je ferner die Lichtinseln sind, je höher ihre "Fluchtgeschwindigkeit" ist, umso tiefer schaut man in die *Vergangenheit* des Kosmos: Licht, das hier eintreffend nicht ein paar Tausend, vielmehr Millionen, ja Milliarden Jahre unterwegs war, enthüllt, wie ihre Quellen in fernster Vergangenheit aussahen und beschaffen waren: Galaxien in ihrer ´Kindheit`.

Auf die Frage, woher diese schwindelerregend gewaltige Licht- und Bewegungsenergie jener Gebilde kommen, verweist man (im "Standardmodell") auf eine Urexplosion ("Big Bang", "Urknall") vor etwa 13 - 14 Milliarden Jahren. Die immer schneller von uns weg und auseinander fliehenden Galaxien seien quasi Splitter des

"Urknalls", der das Weltall ´bis heute` *expandieren* macht. Ob seine Ausdehnung immer weitergehen oder einmal zum Stillstand kommen, gar sich umkehren und in eine Implosion münden wird, darüber streiten Fachleute. Im ersten Fall stürbe das Weltall allmählich den Kältetod (gemäß Entropiesatz), im anderen Fall den Hitzetod. In beiden Fällen (wir übergehen andere Denkversuche) würde das *Leben* im Weltall und auf der Erde schon lange davor erlöschen.-

*Andere Entwürfe*, wie die Zukunftsgemälde der *Bibel* zu deuten seien, fassen das *Ende der Menschheitsgeschichte* in den Blick. Nicht Außerirdische würden es bewerkstelligen, sondern die Menschheit selbst werde sich auslöschen. Spannungen und Konflikte könnten in einen Krieg mit Atom- oder anderen Massenvernichtungswaffen münden, der die Erde unbewohnbar machen würde. Auslöser könnten Vormachtbestrebungen von Staaten oder Staaten-Allianzen werden oder auch massivste, anhaltende Konflikte zwischen Staaten unter dem Gegensatz Reich-Arm: Invasionen, Völkerwanderungen, begleitet von Zerstörung unersetzlicher Lebensgrundlagen.

Die Atombombenabwürfe über *Hiroshima* und *Nagasaki*, am Ende des Zweiten Weltkriegs, lieferten dafür ein frühes *Menetekel*.

Es ist klar, dass so massive Entwicklungen zwar denkbar und real möglich sind, aber *nicht* kommen *müssen*. Wie die Geschichte zeigt, sind bisher stets auch Gegenkräfte am Werk, die den scheinbar zwangsläufigen Gang der Dinge noch umlenken können, was den Ernst der geschichtlichen Lage aber nicht schmälert.

*Biblische* Endzeit-Gemälde allerdings transportieren mit ihren Bildern auch den Charakter des *Endgültigen, Unabwendbaren*.

Der ist jedoch - nach allen Erfahrungen - bloß *geschichtlichen Kräften* nicht eigen.

Hinzu kommt: die biblischen Gemälde schauen das Ende von Welt und Geschichte nicht nur bedrohlich-zerstörerisch, sondern lassen die Zerstörungen enden und münden in eine überschwängliche *Vollendung* von Welt und Geschichte.

Man ahnt *im Ansatz* so etwas sogar schon beim Studium der kosmischen Evolution.

Ein ´Ast` verläuft in Richtung auf Herausbildung zunehmend komplexer Entitäten: die *Lebe*wesen. "Komplex" heißt: Gruppierung und Kombination von *n* Einheiten und "Teilen" zu einem geordnet-widerständigen.Ganzen: Atome, Moleküle, Zellen, Vielzeller, Nervensysteme, Organismen, Gehirne.[2]

In einer relativ späten Evolutionsphase eines "sich verinnerlichen-den" Universums bildet sich auf der Erde über der Biosphäre die "Noosphäre" oder Bewusstseinssphäre (gleichsam die "Mensch-Hülle"[3] der Erde).

Diese sogenannte "Einrollung" des Universums folgt einer gekrümmt-konvergenten Bahn: *äußerlich* Eroberung und Gestaltung der Erde, *innerlich* seelische Verdichtung, inneres Zusammen-wachsen der menschlichen Subjekte, Gesellschaften, Kulturen (eine Vision!). Schien es zunächst, die "complexification" habe mit der Hervorbringung von Einzelwesen mit Bewusstsein ihren Höhepunkt erreicht, gruppiert die Evolution fortan die Individuen und sucht sie zu einer Einheit und Gemeinschaft zusammenzufassen.

---

[2] *Teilhard de Chardin* erkennt im Universum ein "drittes Unendliches": das "unendlich Komplexe" (s. Mein Weltbild, dt. Olten 1973, S.11). Bestätigend etwa *C. Bresch*, Zwi-schenstufe Leben - Evolution ohne Ziel? (1977); *W. Böcher*, Natur, Wissenschaft und Ganzheit - Über die Welterfahrung des Menschen (1992); *J. Bublath*, Chaos im Universum (2001); *A. Benz,* Das geschenkte Universum (³2018, S.92). Weltall u. Erde zeigen einen "Zwang zur Ordnung" (*Bublath*).

[3] Die Klärung, ob die *Noosphäre* exklusiv der "species humana" gehört, ist Sache künftiger Forschung ...

Unter zunehmend physischem, psychischem und sozialem Druck werden Menschen sich dessen bewusst, dass das Universum global, quasi über ihren Köpfen Einheit und Vollendung sucht. Begünstigt durch neue Möglichkeiten schneller Fortbewegung, Gedankenübermittlung und Kommunikation suchen Einzelne, Gruppen, Nationen, Allianzen Realisierung und Stärkung in seelisch-geistigen, weltanschaulichen ´Komplexen`.

Im Prozess zunehmender Einigung der verzweigten und zersplitterten Menschheit mit sich selbst entsteht - in der Vision etwa von Teilhard de Chardin und anderen - eine neue, überindividuelle "Gesamtperson". Damit aber strebe die Evolution - allerdings erst "in einigen Millionen Jahren" - dem als Ziel der Evolution gedachten "Ende der Welt" zu.

In Teilhards Vorstellung wird die Menschheit ihr Ende, das "Ende der Welt" erreichen, wenn sie sich, in Überwindung individueller und kollektiver Egoismen, in allen Teilen zu einer gemeinsamen Idee und gemeinsamen Liebe in Form einer "Gesamtperson" bekehren werde.

Dass in diese überindividuelle Einheit noch Gesandte aus fernen kosmischen Welten eingreifen könnten, hält Teilhard mit Blick auf die unvorstellbaren kosmischen Dimensionen von Raum und Zeit für unwahrscheinlich: die menschliche "Noosphäre" werde sich vollenden, ohne die Grenzen der Erde zu verlassen. Das "Ende der Welt" als Thema der Bibel sei an die physisch-intellektuellen Grenzen des irdischen Kosmos gebunden.

Doch sei diese Entwicklung (warnt Teilhard) kein Automatismus; sie hänge von bleibender Bewohnbarkeit der Erde, von Quantität und Qualität der Hirnsubstanz, ebenso von Einsicht und freiem Willen der Menschen ab.

Trotz dieser Risiken tendiere das Universum - quasi symmetrisch zum Ur-Atom (Alpha) - in der irdischen Noosphäre zu einem letzten Einheitspunkt namens *Omega*.

Hier treffe es zusammen mit einem anderen, geheimnisvollen Zentrum: mit dem aus sich selbst existierenden "ersten Beweger", Quelle aller Personalisation, dem einzig wahren *Omega* (nach JohApk 1,8). Dies geschehe durch "die differenzierende und einigende Wirkung der Liebe (Gott alles in allem)".

In *Teilhards* Vision wirkt "Gott als Triebkraft, Sammelpunkt und Garant - das Haupt der Evolution". Die Schöpfung ist kein Akt der Vorzeit, sondern Entwicklung (Evolution), sich vollendend am/im "Ende der Welt".

Soweit die Skizze über das "Welt-Ende" nach einer christlich evolutionistischen Vision.

Als Kollege *Teilhards* bezweifelte der berühmte Basler Zoologe *Adolf Portmann* allerdings früh, dass die unvorstellbaren Zeiträume, die *Teilhard* seiner Vision naturgeschichtlich zugrundelegen muss, hilfreiche Impulse enthielten für die Bewältigung der Nahziele des Menschenlebens in unserer erd-, sogar weithin ortsgebundenen Lebenswelt.

*Teilhard* allerdings entwarf seine Vision nicht nur aus naturwissen-schaftlichen, sondern auch aus biblisch-endzeitlichen Perspektiven. Er basierte sie also auf *Glauben*.

Damit bleibt sie jedoch auch rational kritisierbar. Der bekannte, gern konstruierte Gegensatz zwischen *Wissen* und *Glauben* besteht nur scheinbar, wie die *Wissenschaftstheorie* lehrt. Da jede wissenschaftlich untersuchte Realität stets nur begrenzt bekannt ist, ist auch etwa physikalisches oder biologisches Wissen prinzipiell vorläufig, überholbar, ist *rational begründeter-begründbarer Glaube,* bleibt jedoch falsifizierbar, korrigierbar *(K. Popper)*. Auch ist biblischer Glaube nicht etwa blind, sondern ruht auf einer tiefen Vision und kann mit Argumenten aufwarten, die den *ganzen* Menschen im Blick haben..

## B DIE WELT-SICHT MIT DEN AUGEN DES EVANGELIUMS

Was die Bibel, das Neue Testament (NT), was Jesus über das Ende der Welt sagen, hat eine *andere Richtung, Thematik und Botschaft* als die Kosmologie und deren Szenarien. Vorab hat die Bibel unser Leben auf der Erde im Blick, nicht jedoch messend-rechnend noch mikroskopisch-makroskopisch. Sie schaut die Welt nicht unter dem Aspekt der Natur und der quantitativen Analyse, sondern unter dem Blickwinkel *Geschichte: Geschichte innerhalb der Begegnung zwischen Gott und Mensch.*

Erwägen wir beispielhaft die "Endzeit"-Rede im Markusevangelium (Mk 13,3-32; vgl. Mt 24, Lk 21).

Dort heißt es: "In jenen Tagen, nach der großen Not, wird sich die Sonne verfinstern und der Mond wird nicht mehr scheinen; die Sterne werden vom Himmel fallen und die Kräfte des Himmels erschüttert werden" (Mk 13,24 f; Mt 24,29ff).

Diese Aussagen als astronomische Phänomene zu verstehen schafft Probleme, schürt Ängste, wie die Christenheit es in der Vergangenheit öfters erlebte. Jede Sonnen- und Mondfinsternis könnte Anzeichen für das hereinbrechende Weltende sein, könnte Menschen zu Tode ängstigen.

Wer aber das biblische "Weltende" als Ende des Planeten Erde deutet, muss mit Einspruch rechnen: die Sonne wird - nach Auskunft der Astrophysiker - in 4-5 Mrd Jahren nicht finster, sondern heller, heißer, größer werden. Sehr viel später, lange nach Auslöschung allen Lebens auf unserem Planeten wird sie, allmählich erkaltend, finster werden. Es wird keine Überlebenden geben, die diese Szenerie hier quasi live erleben würden.

Ähnlich unfruchtbar der Versuch, die vom Himmel fallenden Sterne des Evangeliums zu deuten als Verglühen der (inneren)

Wandelsterne/Planeten im explodierenden Sonnenball (Supernova). Man muss die Phantasie gewaltig strecken, dehnen, um die Verse aus dem Evangelium naturwissenschaftlichen Spekulationen über das Ende des Sonnensystems irgendwie einzupassen.

Derlei Versuche sind Denkfehler, wie sie schon *Aristoteles* in seiner Logik-Lehre als Verschieben eines Sachverhalts in eine andere Ordnung oder Kategorie anprangerte.

Machen wir uns schlicht klar: die Evangelisten kannten weder Geophysik noch Sonnenphysik, noch hatten sie eine Vorstellung vom Weltall, wie wir es seit *Kopernikus/Galilei*, zumal aber seit Beginn des 20. Jahrhunderts kennen und verstehen. Die moderne Art, die Welt quantitativ, physikalisch etc. anzusehen und zu deuten, war ihnen fremd.[4]

Sie wäre ihnen auch einseitig, flach und ungenügend vorgekommen.

Wollen wir Heutige verstehen, was die Evangelisten mit den erwähnten Versen sagen wollen, müssen wir die Quellen *ihrer* Seh- und Sprechweise aufsuchen.

Zunächst: Die zitierten Verse sind *religiöse* Aussagen, Einsichten innerhalb des Glaubens der Evangelisten. Sie finden sich im Kontext des Kommens des "Menschensohnes mit großer Macht und Herrlichkeit" (Mk 13,26) und *malen* gleichsam dessen Bedeutung für die Menschheit (der "Menschensohn" sammelt die Erwählten aus den vier Winden ...: v 27).

Eine Bildsprache, die aus den Prophetenbüchern des Alten Testamentes stammt.[5]

---

[4] Vortragsredner, bemüht, ein ahnungsloses Publikum in Dimensionen u. Rätsel der Kosmologie einzuführen, können auch im 21. Jh. erleben, dass Zuhörer sich schockiert oder ungläubig abwenden.

Propheten wie *Jesaja* oder *Joel* gebrauchen kosmische Bilder: Verwüstung der Erde, Erlöschen von Sternen, von Sonne und Mond, Erbeben von Himmel (Firmament) und Erde.

Es sind Bilder, die *kein* Ende der Körper-Welt und Gestirns-Welt malen, keinen Weltuntergang zeichnen, vielmehr Bilder, die eine entscheidende *Wende der Zukunft* meinen und umschreiben: *für* Israel, *gegen* seine Bedrücker!

Die Menschen der biblischen Zeit kannten Sonne, Mond, Wandel- und Fixsterne.

Doch für sie waren sie nicht *Natur*, nicht bloße Himmels*körper,* wie wir es heute *wissen,* sondern *mehr: göttliche Mächte* und deren Stellvertreter.

Von solcher Annahme macht ja *Matthäus* Gebrauch in der Erzählung vom wandernden Stern von Betlehem.

Werden aber die Bewegungen der "Himmlischen" gestört, gestoppt, halten sie an, verlieren ihren Schein, verlassen gar ihre Bahn, oder tauchen umgekehrt neue Himmelslichter auf (Kometen, Meteore), waren das für menschliche Beobachter Signale für eine Revolution, eine Katastrophe, Heimsuchung u.ä., für geschehenes oder kommendes Unheil, das Herrscher, Reich und Volk traf oder treffen wird.

Jahrtausende vor *Kopernikus-Galilei-Newton* waren Menschen tief geprägt von derlei Anschauungen und Ängsten, sie sind präsent bis heute (siehe Astrologie).

Mit Erschütterung von Himmel und Erde samt deren Zerbrechen umschreibt der biblische Prophet konkret das Ende der babylonischen Weltmacht (Jes 13-14).

---

[5] Vgl. Ez 32,8; Jes 13,10; 14,12ff; 34,4 ("alle Sterne [Polit-Stars] fallen wie Blätter"); Joel 2,10; 4,15; vgl. Hebr 12,26; Apk 6,13f

Er nützt bewusst diese Sprache. In der Verfinsterung von Sternen, Mond und Sonne spiegelt er *JHWH`s, des Gottes Israels Sieg über* Babylon und malt den Herabfall (Untergang) der babylonischen Götter mit Stellvertretern (Herrscher, politisch-militärische "Stars").

Das bedeutet: Bilder von himmlischen (kosmischen) Katastrophen versinnbildlichen des biblischen Gottes heilbringende und zugleich *richtend-scheidende Macht* über knechtende Weltmächte, zum Heil für das gläubige Israel (als Bundesvolk).

Die Bilder *entsprechen einem inneren Sehen der Verfasser, verankert in ihrem Glauben*, in ihrem Vertrauen zu Israels Gott, gestützt auf frühere sowie aktuelle Erfahrungen, deren Basis nicht allein die äußere Geschichtsbühne ist, sondern eine *in der inneren Schau verankerte (mystische) Gewissheit.*

So ist ihr*Thema* nicht das (kosmisch-kosmologisch verstandene) Ende der Welt, sondern der - entweder gekommene oder erst kommende - *Gerichts- und Heilstag JHWH`s*, des Bundesgottes Israels, über Unterdrücker-Völker.

Gottes siegreiche Heilsmacht, "Macht und Herrlichkeit", wie im Ersten Bund erfahren, geht in der Schau der *Evangelisten* über auf den "Menschensohn" (Lk 17,24, v 30 parr).

Der ist ursprünglich eine visionäre Gestalt im Buch Daniel (7,13 ff), eine geheimnisvoll-namenlose Person, die vor Gottes Thron erscheint, mit unwiderstehlicher (Heils-)macht ausgestattet.[5]

*Diese* visionäre Heilsgestalt sehen die *Evangelisten* in *Jesus erschienen* und gekommen:

---

[5] *N.W. Porteous,* Das Buch Daniel: Altes Testament Deutsch Nr.23 (Göttingen 1968), 89 ff; *U. Schmidt,* Ein prophetischer Blick in die kommende Welt - Weltflucht oder Wegzehrung? in: Bibel u. Kirche 3/2024, 145ff

Jesu *Auferstehung* vom Tod identifizieren die Evangelisten mit dem lang erwarteten "Tag Jahwes", mit dem geschichtlich erwarteten Erscheinen *JHWHs*, des Bundesgottes Israels, zu Gericht und Heil.

Die Erfahrung "der Gekreuzigte lebt!" überwältigt die deprimierten Jünger derart, dass sie das ihnen widerfahrene Erlebnis "Jesus lebt" in das "Menschensohn"-Bild aus dem Buch Daniel kleiden, um den Schock, um die erschütternde Erkenntnis zu erfassen und auszudrücken, dass der Gekreuzigte lebt und ihre todtraurige Depression aufgesprengt hat.

*Als vom Tod Auferweckter* hat Jesus in den Augen der Evangelisten überragende Heilsbedeutung empfangen: "der geworden ist aus Davids Samen auf menschliche Weise, eingesetzt als *Sohn Gottes* [antiker Königstitel] in der Kraft des Geistes der Heiligung aufgrund der Auferstehung der Toten" (Röm 1,3f - urchristlicher Hymnus!).

Denn: "Gott hat ihn zum Herrn und Messias gemacht, diesen Jesus, den ihr gekreuzigt habt!" (*Petrus* in Apg 2,36).

Das ist die *entscheidende* Entdeckung der Zeugen von Jesu Auferstehung in Gottes Kraft.

Die bildhaften Aussagen wollen bezeugen: Nun haben alle anderen Mächte und Gewalten ausgespielt, sind entmachtet, können die Heil schaffende Macht Gottes, *des Entmachters sogar des Todes,* nicht unterkriegen und aufhalten.

Vor Gottes sieghaftem Licht verblassen jetzt alle anderen *Sterne* (Polit-Stars) und *Leuchten der Geschichte.* Folglich hören jetzt Sonne und Mond (sie sind Staatsgötter der Weltmächte) auf zu scheinen, die Sterne stürzen vom Himmel in die Tiefe, in die *Ohn*macht.

Die von der Ostererfahrung befeuerte neue Sicht wird in der Parabel vom *Weltgericht* (Mt 25,31-46) ausgeführt. Gott als Sieger über die Weltmächte, Gott als Heilbringer *zeigt sich* nun *im menschlichen Antlitz Jesu,* den er als seinen "Sohn" und Ur-Zeugen beglaubigte..

Jesus, durch Gott vom Tod erweckt, empfängt darob die in Israels Überlieferung lebendigen Heilbringer-Titel.

Aus dem Buch Daniel vertraut ist die Gestalt des *Ben Adam* oder *Bar Enosh* (aramäisch), buchstäblich übersetzt als "Menschensohn", was nichts anderes besagt als *ein Mensch, einer von Menschenart.*

Gemeint ist ein von Gott bestellter humaner Antityp im Gegensatz zu den inhumanen, raubtierähnlichen Machthabern, die Gewalt und Unterdrückung des Volkes praktizieren.

Dazu treten Titel wie *König, Hirt* und *Richter* mit humanen Profilen.

Im Alten Orient waren diese Titel im Herrscher (zB Pharao) vereint. Orientalen des Jahrtausends vor Christus waren einig in vitaler Hoffnung auf einen endzeitlichen König, der die Chaosmächte überwinden, dem Erdkreis endgültig Recht und Frieden bringen werde.

Diese Hoffnung geht im damaligen Israel, zumal in der Jesus-Bewegung und in den von der frühchristlichen Mission erreichten Völkern nun auf *Jesus* über.

Ihm wird jetzt auch der Würdetitel "Gesalbter" (= Messias, Christus), d.h. die Königswürde zuerkannt,

Vor diesem *König-Hirt-Richter* werden "alle Völker" versammelt: eine bildhafte Inszenierung, wie sie aus der Bildsprache der Propheten schon bekannt ist.

*Alle Völker* sind für Apostel und Evangelisten die von der christlichen Verkündigung erreichten Völker. Sie werden im Blick auf den "Menschen(sohn)" - König "*ge*sammelt".[6] Hier klingt die *Pastoral* oder *Hirtensorge* an, die sich um die mediterranen Völker mühte.

"Er wird sie voneinander scheiden, wie der Hirt die Schafe von den Böcken scheidet" (Mt 25, 32).

Zu beachten ist das Wort *scheiden* oder *sondern* (griech. *aphorízein*).

Der Evangelist benützt es nochmals auf ähnliche Art: "So wird es sein am Ende der Welt: die Engel werden ausfahren und die Bösen *scheiden* von den Gerechten" (Mt 13,49).

Die verantwortliche Sorge eines Hirten *scheidet* und *richtet* gleichzeitig mit dem Sammeln.

Das Bild stammt aus dem Propheten *Ezechiel*: Gott ist der "gute Hirt"; zuerst sammelt er die unter schlechten Hirten voneinander getrennten, verlaufenen Schafe, um sie dann nach Schafen und Böcken (Widdern) zu scheiden.

Der Prophet meint die Recht schaffende Scheidung zwischen Böstätern und Opfern (Ez 34,17.20). Die *Fürsorge* des Hirten *prägt das Gericht*.

*Scheiden, sondern* ist in der Bibel ein gebräuchliches, zugleich maß-gebliches *Bild*. Auch der Apostel *Paulus* wählt es: "Was hat", fragt er provokativ, "Gerechtigkeit mit Unrecht gemein? Was Licht mit Finsternis? Was Christus mit Beliar [Satan}?" (2Kor 6,14)

---

[6] Das griechische Verb *synágein* für *sammeln* ist *Hirten*sprache.

Bibellesern fällt die Schöpfungserzählung ein (Gen 1,1-2.4a). Dreimal "schied *Elohim* [Gott]" Licht von Finsternis, Himmel(sgewölbe) von Land; Tag von Nacht (Gen 1,4.6f.14.18).

Man erkennt: *scheiden* ist in der Bibel ein geprägter Begriff.

Das bestätigt die Beobachtung, dass "Licht", "Finsternis" häufig synonyme Bildworte für *Heil* und *Unheil,* für *schalom* - den gottgegebenen Lebensraum - bzw. für die Zone von Verderben, Tod, letztlich Gott-Ferne sind (s. etwa Jes 45,7; Mi 7,8f; Pss 107,10-14; 112,4).

Genesis Kap. 1 ist gefüllt mit Sprache und Vokabular des *Bundes* Gottes mit Israel.

Was Gott schafft ("schuf"), "nannte" oder benannte er nicht bloß, vielmehr (genau übersetzt) *berief* es (qr`), *unterstellte es seiner Berufung,* nämlich *zum Dienst* !

So etwa das Licht dazu, "Tag" zu sein, das Finstere dazu, "Nacht" zu sein, usw.

Als jedes Geschöpf seinen Dienst antrat, *sah* Gott (im Moment der Prüfung), dass es "gut", d.h. *dienlich, zugute* war, dass es dem Leben, den Lebewesen, den Menschen *dienlich, förderlich, zugute* war.

*Schöpfung* meint in biblischer Bildsprache *Schaffung, Ermöglichung, Erschließung* von *Lebensraum,*[7] ist ordnende Scheidung, Ermöglichung von Lebenswelt für alle Wesen bis zum Menschen, ist Fernhaltung von *Gefahr, Tod, Zerstörung.*

Daran *mit* zu wirken empfängt der *Adam* seine spezifische Berufung: *Repräsentant* ("Bild") Gottes, des *Retters,* und seiner Lebens-

---

[7] *br'* (ברא) das hebr. Verb für *schaffen* besagt aramäisch wie hebräisch vorab *roden* (*bar* machen)

freundlichkeit zu sein - *Ihn* hat Israel ja mehrmals als Retter erfahren - , erfüllt vom Geist ("Lebenshauch") Gottes.

Er soll - so seine *Berufung* - als Mitarbeiter, Knecht, ja *Repräsentant* ("Gleichbild") Gottes helfendes, retterisches Wesen umsetzen, einbringen (Gen 1,26). Sein Leben und Handeln sollen Gleichnis dafür sein, *wie Gott* ist und wirkt: öffnend, helfend, ermutigend, aufbauend, entgegenkommend, befreiend, aller Verzweiflung wehrend.

Denn überall zeigt sich die Welt als *Tohu wa bohu*: ungeordnet, bedrohlich, ängstigend, lebensfeindlich, finster. So ihr Anblick und ihre überwiegende Erfahrung, wie sie sich immer wieder auf die Seele legen. Erleben die einen sie kurzfristig bekömmlicher, sind es zahllose Menschen anderswo, die unter der Welt stöhnen, da sie ihnen als Chaos (*Tohuwabohu*) begegnet.

Aber - und dies ist die Botschaft der biblischen Genesis - Gott beruft *jederzeit* Dinge und Menschen in seinen Dienst. Gottes Schöpfung, biblisch gesehen, geschieht Tag um Tag, und täglich wird der Mensch, werden Menschen berufen, als Gottes "Knechte, Mägde", als Seine Mitarbeiter, Seine Minister, Ministerinnen das je aktuelle Chaos in Kosmos, d.h. in Ordnung zu überführen: in die gute Lebensordnung Gottes, wie die Autoren der Bibel sie immer wieder anschaulich machen.

Gott *schöpft, erschafft* also jederzeit auch *durch Menschenhand*. Auch ihre Schöpfungswerke sollen sammeln nach Hirtenart, zugleich mit behutsamem Richten und Scheiden.

*Nun aber wird* - angesichts des adamisch labilen, Vertrauen missdeutenden menschlichen Verwalters (s. Gen 3) - *die Mitschöpfer-Berufung des Adam* aus Genesis I von einem Menschen par excellence, *von dem Menschen(sohn) Jesus* - "Abbild des unsichtbaren Gottes" (Kol 1,15; 2Kor 4,4), auferweckt von den Toten (Apg 2,24 u.a.), "Urheber des Heils der Vielen" (Hebr 2,10) - *aufgenommen, wahrgenommen und vollmächtig vollendet.*

*Sein Gericht über Gute und Böse per Scheidung* ist *fürsorgliche Realisierung und Vollendung der Schöpfung, die sich nicht irgendwann später, sondern in entscheidenden Momenten der Lebensgeschichte ereignet.*

Davon ist im Matthäusevangelium (25,31-46) die Rede.

Auch hier *scheidet Gott - durch* den "Menschen(sohn)", König und Hirten (s. Ez 34,23-31) - *Licht von Finsternis, Heil von Unheil*; erkennt als *Licht* jene, die "Bild und Gleichnis" Gottes im Verhalten zueinander sind, und trennt sie von der *Finsternis:* von den (dank Lebensführung) Repräsentanten des *Gegengottes*, des "Antichrist" (Mk 13,21f; Mt 25,41-43).

So wie Gen 1 (auch Gen 2/3) *nicht* kosmologisch *vom Anfang der Welt* redet, sondern von der Welt, wie sie *heute* ist und *immer schon* war (heilloses Durcheinander), aber berührt und berufen von Gottes Retter-Art,[8] so spricht auch das Neue Testament (Prophetenworte aufnehmend) nicht kosmologisch vom Ende der Welt (der Erde, des Weltalls), es verkündet vielmehr *die Vertiefung und Weiterführung von Gottes Schöpfer- und Retter-Engagement in Jesus Christus, offenbar geworden in dessen Auferweckung vom Tod.*

Diese Botschaft und Sicht - Einbeziehung und Verwurzelung Jesu in Gottes Heilswillen - scheidet die Menschen in jene, die sie an- und ernstnehmen, und in jene, die sie ignorieren oder ablehnen.

---

[8] Die Genesis-Erzählungen folgen formal der Erzählweise antiker Mythen, die nicht berichten, was und wie es einmal *war*, sondern erzählen, was *jederzeit geschieht*: die *stets aktuelle* Ordnung und Unordnung der Welt *von Anfang an,* die Rolle der Götter, sowie Ort, Berufung und Verstrickung der Menschen: s. *H.-J. Klauck,* Die religiöse Umwelt des Urchristentums I (Stuttgart-Berlin-Köln 1995), 82:

*Berufene* Orte, wo die "neue Schöpfung" Fuß fasst, sind christliche Gemeinden, gegründet aus "allen Völkern", sind ihr Leben, ihre Praxis, wo immer bemüht, Gottes Lebens- und Gemein- schaftsstiftung aufzubauen und zu wahren. Da geschieht Tag um Tag, offen oder verborgen, Scheidung von Licht und Finsternis, Scheidung von "Schafen" und "Böcken": Scheidung derer, die sich rufen, sich in Gottes Dienst nehmen lassen, von jenen, die ungerührt bleiben und "draußen" verharren. (Mk 4,10ff)

Das Wort von der richtenden Scheidung der Lebenden von den Toten erhält nun einen anderen Akzent.

*Tot* in biblischer Ausdrucksweise ist, wer sich fernhält von Gott und seinem *Lebenshauch, von seiner Berufung.*

Im Gleichnis von den zwei Söhnen äußert deshalb der Vater, sein jüngster Sohn sei "tot", "verloren" gewesen, aber wieder *zum Leben* gekommen (Lk 15, 24.32), weil er ab jetzt seinen Platz einnehmen, seine Verantwortung wahrnehmen will.

Weil ein Sünder durch sein Tun sich von Gottes Leben spendendem Wort, von seiner Berufung entfernt, gilt er als "tot" (Eph 2,1.5; Kol 2,13).

Für *Paulus* besagt die Auferweckung der Toten fundamental die Rettung der Menschen aus Ferne von Gott, aus Existenz in Sünde, Bosheit, Unheil. ´Jenseits` ist in seiner Denk-art nichts Überwelt- liches, sondern meint im Kern: *jenseits von Sünde, Tod, Verlorenheit.*

Als todjenseitiges "ewiges Leben" sieht *Paulus* nicht erst ein überirdisches Dasein, das nach dem Exitus kommt. "Neues Leben" nennt er die neue Lebensführung auf Gott hin, der in *Christus* sich offenbart. Daher sollen Getaufte sich sehen als "von den Toten zum

Leben Gekommene" (*ek nekrôn zôntes*), die diesen Schritt tun, indem sie ihr Leben Gott überstellen (Röm 6,1-14).

Dafür fundamental ist die Einsicht: *Gott, nur Er, ist Quelle* und *Geber von Leben.* Nur bei ihm empfängt der Mensch *Leben.*

Die Bibel bezeugt *Gott* als *El ḥaj,*[9] da er *gleichbedeutend mit Leben ist*

Die im Vorausgehenden skizzierte Darstellung hat *Konsequenzen* auch für das Verständnis von *Zeit und Geschichte.*

Vom "Ende der Zeit", vom "Ende der Welt" reden heißt, in einem *Modell* (Bild) reden, heißt eine entweder antike oder modisch-moderne Figur, Vorstellung gebrauchen.

Das altorientalische, der Bibel zugrundeliegende *Weltbild* mit den 'Stockwerken` Firmament (Himmel), Erdscheibe, Unterwelt, umflossen vom Urmeer, musste, wie erwähnt, unter dem Druck neuer - naturwissenschaftlicher - Erkenntnisse modifiziert, erweitert, das heißt, sukzessive durch das ptolemäische, dann kopernikanische, später kosmisch-evolutive Weltbild ersetzt werden.

Mit der Erweiterung des Raum-Bildes einher ging eine Verschlingung des Raumes mit der Zeit, ging der Gedanke an Zeit-Räume. Das herkömmlich lineare *Zeit-Bild* wurde für das alltägliche Denken nicht ersetzt, aber stark erweitert. Auch für religiöse Augen *dauert* die Welt, hat Dauer, hat Anfang und Ende. Als 'Anfang` gilt der 'Moment` der Schöpfung oder Erschaffung. Welt und Menschheit haben (wie einen Anfang, so auch) ein Ende irgendwo auf der unüberschaubar lang sich dehnenden Zeit-Linie.

---

[9] Die Wiedergabe dieser Gottesbezeichnung mit der "lebendige Gott" ist möglich, trifft aber nicht den Sinn: *El ḥaj* meint Gott, der Leben ist - Leben, das Gott ist! Gegen ihn sind andere Götter tot *und* todbringend.

Das *Ende* von Welt und Zeit, so gesehen, fällt für das schlichte religiöse Denken ineins mit Gottes bzw. Christi Kommen zum Gericht. Als End-Zeitpunkt von Welt und Geschichte gilt nach alter Rede (bei den Evangelisten *Matthäus* und *Johannes*) das "Jüngste" oder "Letzte Gericht" bzw. der "Jüngste" oder "Letzte Tag".

Das endlos gedehnte Raum-Zeit-Modell zieht diesen "Tag" aller Tage jedoch ins Unanschauliche, Unvorstellbare.

Apokalyptische Schriftsteller schärften das herkömmliche Welt-Zeit-Modell mit der Äonen-Idee, die auch in kanonische Bibeltexte eindrang. Ihr zufolge lebt die Menschheit vom 3. Jahrhundert v. C. bis ins 1. Jahrhundert n.c. im "Alten Äon/Weltzeitalter": hier häufen sich Gewalt, Krieg, Verfolgung, Religionsfrevel, bis Gottes Gericht die Wende der Geschichte herbeiführt. Mit dem Gericht beginne der neue oder künftige Äon (das neue Weltzeitalter).

Auch *Paulus* und Evangelisten (Mt 13,49) reden von "Vollendung des Zeitalters" (syntéleia tou aiônos), wähnen das Ende der Alten Welt als "bald" kommend, nahe vor der Tür.

Diese Vorstellung, Gewohnheit geworden, suggeriert Gläubigen, sie hätten das Ende der Geschichte, gar der Evolution des Kosmos abzuwarten (wenigstens gedanklich), bis Gott den richtend-vollendenden Endpunkt dieser religiös erweiterten Chronologie setze.

Bei aller Genialität bleibt auch *Teilhard de Chardin* noch im Bann des linearen Zeit-Schemas, das er erdgeschichtlich noch erweitert.

Gottes Verhältnis zu Welt und Geschichte sich derart vorstellen riskiert jedoch, Gott zu "verzeitlichen" oder irgendwie raumzeitlich vorzustellen, ihn als *Punkt* oder *Ende* einer geologischen, physikalischen, unausmessbaren Zeitlinie zu denken.

Diesem zweidimensional begrenzten Bild vom Ende der Weltzeit fehlt jedoch ein *Drittes*.

Als Drittes empfiehlt sich die moderne, schon angeklungene Beobachtung, dass die Welt nicht bloß sich zeitlich entrollt, vielmehr auch *sich einrollt* (ein Bildwort *Teilhards*), sich entwickelt im Sinne einer mehr und mehr sich differenzierenden Verdichtung (*complexification*), einhergehend mit zunehmender *Verinnerlichung (Psyche), ja Vergeistigung*: als Innenseite der Entwicklung.

Wo sich Vergeistigung von Welt-Elementen und -Wesen ´entwickelt`, stößt sie (wenigstens bei der *species humana*) vor zum Absoluten, zu *Gott*.

Gott kommt, mindestens als jenseitig- geistiger *Horizont* (bildlich: Stern der Sehnsucht), in Sichtweite des Menschen.

Doch dieser als *göttlich* erahnte Horizont blieb nicht, was er war: stumm und fern, sondern berührte (wenigstens) einen Punkt der irdisch-zeitlichen Entwicklung, zeigte sich Menschen zumal in Gestalt einer in *Nazaret* aufgewachsenen Persönlichkeit.

Ihre Geschichte in Wort,Tat, Leiden, besiegelt mit Kreuz und Auferweckung, führte zu der vielfach gereiften Überzeugung: Gott entschloss und entschließt sich, der Welt nicht nur Zeit, Raum, Energie, Materie, Verstand, Freiheit zu schenken, sondern *sich selbst*.

Aber wie konnten Menschen ein so unvorstellbar-unerwartbares Geschenk wahrnehmen, erfassen - sozusagen identifizieren?

Die Frage ist weniger abwegig als es scheinen mag.

Schon die antik-mediterrane, polytheistisch-"heidnische" Welt hatte feines Gespür für *gottgewirkte Gunst (Gnade)* in Raum und Zeit, *in* der Geschichte: für unverhofftes Geschenk, mit *Kairós* (καιρός) umschrieben: Ausdruck für einen *außergewöhnlichen* Moment in der Zeit, ´den` Augenblick, erfüllt von (eines) Gottes Ankunft, Angebot, Hilfe für Leben, Glück.

Auch der Gott der Bibel bleibt nicht unerreichbar fern, er kommt vielmehr in jede Zeit als ihr Geheimnis, in jeden Raum als dessen Mitte oder "Ort" (*mqm*), vielleicht bloße Nische; er ist der Geschichte der Völker, der Menschen (kollektiv, individuell) nahe, bringt sich in der Geschichte der Kirche(n) schöpferisch-helfend-rettend, auch richtend-scheidend ein.

Nach dem Ausfall des Täufers sei, so hören wir, Jesus nach Galiläa gekommen als Verkünder der Froh- und Sieg-Botschaft (= Evangelium) Gottes:

"Die Zeit (gr. *kairos*) ist erfüllt, herangekommen das Königtum Gottes: *Kehrt um*[10], vertraut der guten (d.h. Sieg-) Botschaft!" (Mk 1,14f)

Auf die Frage, "wann" die Gottesherrschaft kommen werde, erklärt Jesus, ihr Kommen sei nicht mittels Beobachtung, Messung, Berechnung (*parataeresis*) auszumachen (Lk 17,20; Apg 1,7); er warnt davor, denen nachzulaufen, die Gottes Ankunft räumlich oder zeitlich genau berechnen zu können meinen (Lk 17,21 Par Mk Mt).

Eine Absage an *jede* Vorstellung, das Kommen Gottes, der Gottes*herrschaft* sei räumlich, zeitlich exakt zu bestimmen. Von der Nähe der Gottesherrschaft redet Jesus nicht quantitativ-chronologisch, sondern *qualitativ*: sie ist "mitten unter euch" (Lk 17,21); einem Schriftgelehrten erklärt Jesus: "Du bist *nicht fern* der Gottesherrschaft" (Mk 12,34; Lk 10,28).

---

[10] So kath. *Einheits*übersetzung, *Wilckens*-NT, *Fridolin Stier*, *Münchner* NT (Stud.-Übers.), während *Luther*- u. *Zwingli*-Bibel "tut Buße!" übersetzen; ähnlich The New Testament der *Bible Societies* oder die *Bible de Jérusalem* ("repent!"/"repentez-vous!"). Zur Übers. s.a. Beitrag *Der erste Kontakt* ! (Inhaltsvz)

Wenn der "erhöhte" Jesus - der "Christus" - kommt, seine Herrschaft (d.h. seine Domäne, seinen Wirkungskreis, seine Gemeinde) aufzurichten, geschieht nicht ein messbares, gar spektakuläres Ereignis in Raum und Zeit; keines, das man de-finieren, *fest*machen könnte.

Für Gott gilt ja kein Früher, Später, sondern Ewigkeit: "bleibendes Jetzt" ("*nunc stans*") als bleibender, das Vergehende überragender Augen-Blick.

Wir zeitliche, zeitgebundene Wesen sind es, die jeder Begegnung, auch einer Begegnung mit Gott eine zeitliche Struktur, ein Vorher und Nachher anlegen oder zumessen.

Doch Christen mutet die Bibel zu, umzudenken, *neu* zu denken.

Denn durch die Taufe, so lehrt uns *Paulus*, ist jeder Christ, jede Christin schon *hinein*genommen *in Auferstehung und neues Leben* mit dem gekreuzigten Christus, freilich so, dass er, sie zeit ihrer irdischen Existenz "die *Nekrosis* Christi an seinem/ihrem Leib mit sich trägt" (2Kor 4,10)[11] - das heißt: die Schmerzen und Qualen *kreuzigender* Feindschaft.

*Denn* kraft der Taufe ist Gott-Schöpfer selbst "in unserem Herzen aufgeleuchtet, damit wir erleuchtet werden zur Erkenntnis des göttlichen Glanzes auf Christi Antlitz" (2Kor 4,6), ein Antlitz, das sich spiegeln kann im Akt der Verkündigung, in Mitmenschen, in Aufbrüchen, in eucharistischer Gemeinschaft, in Wundern von Hingabe, schenkender Liebe u.a.m.

Die Augen des Glaubens schauen *jetzt schon den auf uns zukommenden Christus in seiner todüberhobenen Herrlichkeit*,[12] wie er Völker und Menschen, *auch uns* um sich sammelt wie ein Hirt

---

[11] *Nekrose* (gr. νέκρωσις) meint nicht "das Töten" (Münchner NT), sondern steht für Absterben, für langsames Sterben: für den Sterbe-Prozess.

(Pastor), aber auch, wie er die Wege zu Leben und Tod unterscheidet und wie er die Menschen scheidet: die im "Dienst", im Füreinanderdasein Bewährten - die "Lebenden" - von "Toten", von jenen, die vor sich hin, nur für sich leben (Röm 14,7; 2Kor 5,15); deren "Lohn" (nach Röm 6,23) der Tod ist als zuletzt sinnleerungetröstetes Dasein.

Das bedeutet weiter: Wo Glaube lebt, da erleben, *erfahren* Christen inmitten ihrer entweder säkularen oder andersgläubigen Gesellschaft die "messianische Alternative": eine *reale* "Parallelwelt inmitten der Gesellschaft" und ihres Umfeldes.[13]

Faktisch freilich hat biblisch begründete "Parallelwelt" nicht selten auch eine "Parallel-Gesellschaft" (verfasste Kirche) zur Folge.

Zu der erwähnten "Parallelwelt" gehören allerdings auch Reaktionen von Feindschaft, Hass, Lästerung, Verfolgung, aktuelle-je neue Anstrengungen, Jesus zu kreuzigen, ihn vor der Welt als kraftlos lächerlich hinzustellen.

Aus all dem folgt: Biblisch gesehen, ist *jede Zeit* für Glaubende *zugleich Endzeit* !

In umgekehrter Optik gehen wir auf den *Kyrios* zu, damit er uns sende in den Dienst und uns darin prüfe: Segen gewähre oder Fluch, Annahme oder Verwerfung, Leben oder Tod.

Diese sichtbar-unsichtbare Faktizität prägt unser Dasein, auch wo wir es nicht wussten, ahnten oder ´einkalkulierten`.

---

[12] Das bezeugen u.a. die zahllosen Gemälde, Ikonen u. Darstellungen des gekommenen und kommenden Christus, Hirten u. Richters in Person; wie Darstellungen des redend-handelnden Jesus der Evangelien.

[13] *N. Lohfink*, Die messianische Alternative (Freiburg/Br. 1981); *Chr. Blumenthal*, Die Königsherrschaft Gottes u. sein Reich, in: Bibel und Kirche 3/2024, S. 179

In besonderen Momenten - zuweilen anhaltend - schauen und hören wir *Ihn lebend-handelnd* in Antlitz und Mund von Menschen, welche die Bibel auslegen, uns aus dem Tod zum Leben rufen; die das Evangelium teils sammelnd, teils unterscheidend in Taten umsetzen; die Mitmenschen zu Gemeinschaft/Gemeinde ermutigen, geleiten, die versöhnen und lossprechen. Die "neue Erde" wie der "neue Himmel" leuchten nicht selten schon auf in begnadeten, alternativen Individuen, Gruppen und Gesellschaften.

Um fruchtlose Diskussionen über "Schon da - Noch nicht" der "messianischen Alternative" zu vermeiden und von "Bahnsteig"-Erwartungen wegzukommen, empfiehlt es sich, das "Reich Gottes" als "emergent"-evolutive Realität zu denken: eine oft überraschend *auftauchende* Realität, die mal situativ, mal aufwachsend neue Konfigurationen und Kräfte der Selbstorganisation mitbringt und setzt, so, dass unsere konkrete Welt da und dort neue, kraftvoll herausfordernde Qualität gewinnt und die Zeugen zu neuen Initiativen befähigt.[14]

Der Seher der Johannes-Apokalypse will Ende des 1. christlichen Jahrhunderts bedrängte Christen stärken gegen "die Könige der Erde" und deren bedrohliche Maßnahmen (1,5).

Er unternimmt es, indem er den "Tag JHWHs" als. den "Tag Christi" erklärt und diesen Tag der Parusie ("Wiederkunft"), des Gerichtes und der Not wendenden Erlösung in bizarren Bildern und glühenden Farben ausmalt.

Dabei will der "Seher" (ähnlich den Propheten) sagen, das von ihm Geschaute, Geschilderte werde nicht erst in ferner Zukunft eintreffen; es sei es bereits angebrochen und im Kommen so; dass Gottes und Christi *Heilsgeschichte sich mitten durch die Unheilsge-*

---

[14] Ausführlich dazu *M. Welker*, Gottes Offenbarung - Christologie (Neukirchen-Vluyn [2]2012), 208-219

*schichte* der Zeit *Bahn bricht*: für jene, denen Jesus wie Blinden die Augen öffnet und die jetzt schon anfänglich selig sind, weil sie *sehen* (Mt 13,16 / Lk 10,23) "das Große, das Gott denen bereitet, die ihn lieben" (1Kor 2,9).

Die Vollendung der biblischen Heilsgeschichte ist nicht kommensurabel mit dem physischen Ende der realen Welt, des Weltsystems, worin wir jetzt leben.

"Wir müssen uns hüten, die Endaussagen der Schrift für ein Libretto des letzten Aktes der Welttragödie zu halten. Wie es für die ´ersten Dinge` keine Augenzeugen gibt, so gibt es für die ´letzten Dinge` keine Prognosen ... Die Evolution in sich ist blind für Sinn und Ziel, jedenfalls ist nicht zu erkennen, dass sie offene Augen hätte. Das bedeutet: Der Mensch, der mit seinem Leibe in diese Evolution verflochten, Teil von ihr ist, kann und soll in Freiheit der Evolution Sinn und Vollendung geben".[15]

Dieses Fazit lässt sich noch schärfen.

Die biblischen Zeugnisse wollen weder über das *historische Ende* der Erde noch über das der Menschheit informieren. Auskünfte darüber sollten Christen guten Gewissens den dafür - vielleicht - zuständigen weltlichen Disziplinen überlassen. Weder bestätigt die Bibel diese, noch widerspricht sie ihnen, sofern sie ihre Grenzen als empirische Wissenschaften beachten und nicht anfangen, weltanschaulich zu spekulieren.

Ob das *Weltall* in 100 Mrd Jahren einen "Crash down" erleben oder endlos expandieren wird; ob die *Sonne* in 5 Mrd Jahren ein roter, die Erde verschlingender Riesenstern (Supernova) sein wird; ob der *Homo sapiens* sein Gehirnvolumen nochmals vergrößern und noch

---

[15] *Chr. Schütz OSB*, Vollendung, in: *Feiner/Vischer (Hg)*, Neues Glaubensbuch/Der gemeinsame christliche Glaube (Freiburg/Zürich [16]1981), 530. 537. Gemeint ist die *natur-wissenschaftlich erforschbare* Evolution.

intelligenter sein kann als heute, ob die *Menschheit* die nächsten 1000 Jahre überleben, ob sie - falls ja - einiger, friedlicher, gläubiger, ja christlicher sein wird oder nicht - zu Fragen und Prognosen einer *historischen* Einstellung sagt die Bibel nichts, Neugier-Fragen bedient sie nicht. [16]

Wir können nur behutsam weiterdenken, fragen und sprechen:

Ist die Materie, ist die gesamte materielle Welt - über die Einsichten der Kosmologie hinaus - aus biblischer Sicht "nur als Anlauf des Geistes und der Subjektivität und Freiheit", denkbar: zur Realisierung des personalen Subjekts, zu dem Gott ein Verhältnis aufnimmt? Leben wir in einem Kosmos, in einer Welt, "die von vornherein gar keinen anderen Sinn hat als der Raum geistig-personaler Geschichte zu sein"? [17]

Spricht etwa das von Kosmologen ausgemachte "anthropische Prinzip" des Kosmos für diese Sicht? - erwogen im Blick auch auf die in unserem Sonnensystem zufällig gegebenen Ausnahme-Bedingungen (zB Existenz von Mond, Jupiter), die die Entstehung von organischem Leben, ja von Menschen überhaupt erst ermöglichten und garantieren? [18]

Ungerührt davon stellt die Bibel Welt und Menschheit weise, erfahren und vertrauensvoll unter Gottes wohlwollend-liebende Direktive, unter seinen "Hirtenstab" und unter die als stärker denn

---

[16] Spekulative Zukunftsvisionen wie von *E. Bloch,Teilhard de Chardin, H. v. Ditfurth, P. Davies, F. Tipler, St. Hawking, Y.N. Harari u.a.* enthalten beträchtliche Anteile von Science fiction und Spekulation, ihr Bezug zur Bibel, soweit vorhanden, ist lückenhaft bis schwach

[17] *K. Rahner,* Grundkurs des Glaubens (Freiburg-Basel-Wien 1976), 427f: eine biblisch-philosophische Sicht, die Kosmologen nur einschränkend teilen.

[18] *H. Lesch,* Warum es die Erde nur einmal gibt: Vortrag SWR 2, 23.1.2005; *A. Benz* (Anm.2), 146f

Tod und Todfeinde erwiesene Liebe des "Sohnes", des "Lammes". Als letzte, das heißt: endgültige Zukunft hinter allen irdischen Zukünften (zugleich früher als sie alle) sieht die Bibel das siegreiche Ankommen Dessen, "Der ist und Der war und Der kommt": "des Herrschers über die ganze Schöpfung" (JohApk 1,8).

*Das biblische Ende der Welt ist zutiefst personal*, ein personales: Begegnung mit Dem in den Quellen genannten "Ersten und Letzten" (= *Eschatos*; s. 1Kor 15,45; JohApk 2,8)".

Durch sein Wort (Evangelium), durch Taufe und die anderen Sakramente kommt der Inhaber der "Schlüssel zu Tod und Totenwelt" (JohApk 1,17f) immer wieder auf uns Menschen zu, ruft uns: "Kommt her zu mir, von meinem Vater Gesegnete!" (Mt 25,34)

Der Heilige Geist, der uns vom "Vater" durch den "Sohn" erreicht und erneuert, "offenbart die schöpferische und neuschöpferische Gegenwart Gottes mit ihren rettenden, erhebenden und erlösenden Kräften".[19]

Vorerst erfahren wir all das nur bruchstückhaft - "denn Bruchstück ist unser Erkennen ..., wenn aber das Vollendete kommt, vergeht alles Bruchstückhafte" (1Kor 13,9f).

"Dann aber" - den Tod erleidend - "schauen wir von Angesicht zu Angesicht" (1Kor 13,12).

Wie das Alte Testament weiß, setzt unverhüllt-*vollendete* Begegnung mit Gott den Austritt aus der Zeit, also den physischen Tod des Menschen voraus.

Dann ist *Advent*, die Ankunft Christi bei uns, und ist unser Advent, unsere Ankunft bei ihm *vollendet*, dann fallen Weihnachten, Ostern

---

[19] *Welker*, Gottes Offenbarung (Anm. 14), 292

und Pfingsten *ineins* zu einem einzigen, seligen, unaufhörlichen Fest, dem keine Stunde mehr schlägt.

Anders gesagt: Gottes *in* Jesus Christus todüberwindend-sieghafte Herrlichkeit geht voll-endet erst Menschen auf, die ihre Reifung im Mutterschoß der Erde, in der Fruchtblase des irdischen Daseins vollendeten. Sie schauen unverfälscht, ungebrochen *Gott* in Christus als König, Hirten, Bruder und Richter seiner "Herde".

Nach alldem ist der "Letzte Tag" oder "Jüngste Tag" für Christen kein Tag der historischen Chronologie.

Soweit wir den verherrlichten Christus *schon jetzt* schauen, erleben wir sowohl Kontinuität wie Diskontinuität, denn "Fleisch und Blut" - als vergängliche Größen - "können das Reich Gottes nicht erben; das Vergängliche erbt nicht das Unvergängliche" (1Kor 15,50).

Bedenken wir: das himmlische Sein, das In-Christus-bei-Gott-Sein von Glaubenden durchdringt ahnungsvoll schon irdisches Sein - in Augenblicken, da die Blindheit der von Natur Blinden geheilt wird (Mk 10,51f; Lk 18,41ff) und sie wieder, genauer *neu* sehen, d.h. jetzt erst schauen (gr. *aná-blépein*), was Gott denen bereithält, die ihn lieben (1Kor 2,9).

Die Verheißung einer "neuen Schöpfung", eines "neuen Himmels" und einer "neuen Erde" betont die *Kontinuität in der Diskontinuität*,[20] anders gesagt: Aufgehobensein des geheilten Seins unserer vergänglichen Existenz im neuen, todüberhobenen Sein: "im Himmel", bei Gott - frei von Sünde, Leid und Tod.

Begonnen mit dem Morgen von Jesu österlichem Erscheinen vor Zeugen, wird "Letzter Tag" jener geschenkte Augen-Blick sein, wo wir uns erkennen *face à face* vor Gott, wir zugleich unser Leben und diese Welt endgültig in dem Licht, unter jener ´Sonne` schauen und

---

[20] *Welker,* 294f

erfahren, das/die von Beginn an in unserem Herzen aufgeleuchtet ist und uns zuletzt mit dem nun gelichteten Fremden, Dunklen versöhnt, das uns lebenslang gequält hatte.[21]

Der "Jüngste/Letzte Tag" ist so - sachlich geredet - kein Zeitpunkt der Chronologie, weder der historischen, noch der naturwissenschaftlichen, er ist ja im Ersten Testament schon angezielt mit dem 'Tag' der Vollendung der Schöpfung durch Gott (Tag der "Ruhe" Gottes: Gen 2,2) und meint - als zeitlicher Hilfsbegriff - christlich nichts anderes als die *Vollendung* von Welt und Mensch in Christus bei Gott.

Wie die Welt - mit Augen aus Glauben gesehen - ihren Ur-Anfang in Gott hat, so liegt auch ihr Ende, ihre Vollendung (gr. "syntéleia tou aiônos") in Gott $A$ und $\Omega$.[22]

Inspirierend diese Beobachtung:

"Das Gehen Jesu Christi zum Vater kann verstanden werden als die Erschaffung des Himmels, d.h. einer neuen Dimension dieser Schöpfung Gottes, in die hinein sich Mensch und alte Schöpfung zu wandeln beginnen: sie beginnen, bei Gott 'anzukommen'. Dieses Bei-Gott-Sein der Menschen ist wesentlich Sein bei Jesus Christus, Kommunikation mit dem menschgewordenen Gott, Versammlung der Menschheit zum endgültigen Leib Jesu Christi".[23]

Gläubige Christen leben somit in schöpfungs- und heilsgeschichtlicher *End-Zeit*!

---

[21] *M. Kehl,* Und was kommt nach dem Ende? (Freiburg-Basel-Wien 1999), 139ff

[22] Ausführliche Diskussion bei *Kehl* (Anm.21), 106-109,

[23] *H. Vorgrimler,* Hoffnung auf Vollendung - Aufriss der Eschatologie (Freiburg-Basel-Wien ²1984),166; ähnlich i. S. v. Ausgang-Rückkehr: *J. Ratzinger* in: *Peters-Urban,* Ende der Zeit? (Mainz 1999), 28f u.ö.

Von der "Parusie" (sog. "Wiederkunft Christi") gilt daher, dass sie "sich nicht nur ereignen wird, sondern dass sie sich immer schon ereignet hat und ereignet, dass Gericht und Rettung, Erhebung und Erlösung in dieser relativen, wirklichen Welt und über sie hinausgehend immer schon ergehen".[24]

Diese Aussage ruht fundamental auf der biblisch eröffneten Vorordnung der Zukunft und - davon abgeleitet - auf der Vorordnung des Möglichen (der Potenz), damit auch die des Erwartbaren und Erhofften vor der faktischen Realität.

Das Mögliche ist ontologisch nicht nur kausal, sondern, früher noch, final bedingt. Ein bloß kausal aufgefasster Evolutionismus kann nur blind sein und dem Zufall das Wort reden. Damit Evolution intelligent-sinnvoll möglich wird und auch geschieht, müssen Intelligenz und Sinn der Materie, der Welt *in actu nascendi* eingestiftet sein, eingestiftet werden.

Das bedeutet die von der Zukunft ausgehende Vorordnung des Möglichen vor dem kausal Faktischen. Jedes Gegenwärtige wird und wurde aus der Zukunft ermöglicht und realisiert.

So wird auch das "Reich Gottes" von der Zukunft ermöglicht, getragen und realisiert, genauer von Dem, der von sich sagt "Ich werde dasein als der ich dasein werde" (Ex 3,14). Gott ist "zwar schon gegenwärtig Herr der Welt" (als ihr Schöpfer), der "aber erst in der Zukunft der Vollendung in seiner Herrschaft und also in seiner Gottheit voll offenbar sein wird". Daher ist er "ewige Quelle für noch nicht Gewordenes, verbindet Ziel und Ursache zu einer Einheit".[25]

---

[24] *Welker*, 296

[25] *W. Pannenberg*, Natur und Mensch - und die Zukunft der Schöpfung (Göttingen 2000), 94; *G. Ewald*, Die Physik u. das Jenseits (Augsburg 1998), 250

Wir alle tragen das Vergangene als Sicherheit und Last und leben aus den Möglichkeiten, welche die Zukunft gewährt.

## ZUM LEBEN ERWECKT *(Meditation)*

In einem Vortrag über den Tod und den Umgang der Leute mit diesem unentrinnbaren Ereignis verwies ein Referent auf die häufige Beobachtung (auch bei sich selbst), dass und wie wir Menschen dazu neigen, den Tod, den Gedanken an Tod zu verdrängen, nicht an ihn zu denken, ja möglichst so zu leben, als gäbe es ihn nicht ...

Junge Menschen flüchten förmlich vor der Begegnung mit dem Tod, mit Sterbenden, mit Verstorbenen. Manche meiden bereits den Kontakt mit sichtlich alten Menschen, deren oft starr-lebloser Gesichtsausdruck sie unwillkürlich an Tote, an Leichenstarre erinnert. Diese Flucht kann gar die Form einer Aggression wählen.

Dennoch kann kaum jemand vermeiden, dass er oder sie eines Tages unverhofft mit einem bleichen Verstorbenen, einem verblichenen Menschen zusammentrifft.

Eine Begegnung, die von da an unvergesslich in uns bohrt und rumort. Weil sie in uns festsitzt, lädt sie uns ein, ihr nach und nach ins blasse Gesicht zu schauen, um zu erkunden, was sie uns - über Angst und Besorgnis hinaus - zu sagen hat.

Obwohl uns in jungen Jahren der Gedanke an den Tod so belastet, dass wir bemüht sind, ihn aus Bewusstsein und Erleben auszuklammern, arbeiten wir unausgesetzt, oft unterhalb der Bewusstseinsschwelle am Überleben unseres eigenen Todes.

Im Laufe des Lebens - wenn wir hier eine Reihe von Beobachtungen zusammenführen und reflektieren - mag uns diese oder jene Einsicht ein wenig erhellen und voranbringen.

Ohne ausdrücklich an den Tod zu denken, arbeiten wir lebenslang an seiner Bewältigung, indem wir anfangen, etwas zu "leisten". Wenn wir etwas leisten oder vollbringen, das von den anderen gesehen und anerkannt wird, haben wir uns in Szene gesetzt und genießen die Beachtung, die uns jene anderen schenken.

Gleichzeiitg haben wir angefangen, etwas *Bleibendes* von *uns* zu hinterlassen: ein Produkt (eine Bastelei, ein Werkstück, eine Melodie, ein Buch, die Mitteilung einer selbsterlebten Episode), das im Gemüt der anderen (unserer Umgebung) haften bleibt, uns unvergesslich macht. Die anderen werden es anderswo berichten und, je origineller es ist, mit meinem, deinem Namen verbinden.

Geradezu wunderbar *überlebt* ein Mensch seinen physischen Rand, wenn die Mitwelt sich entschließt, eine Aufgabe, ein Team in "seinem/ihrem Geist" zu führen oder fortzuführen. Wo dies gelingt, wirkt der "Geist"/die "Seele" der Person jenseits der physischen Grenze.

Jeder von uns trägt offenbar ein dringendes Bedürfnis in sich, gleichsam sich selbst zu überleben, sich bei anderen ´unsterblich` zu machen durch seine "Kinder", Kinder welcher Art auch immer (eine Einsicht, die schon *Platon* in seinem Dialog *Das Gastmahl* darlegt),.

Auch Jesus ruft uns auf: "macht euch Freunde mit dem ungerechten Mammon!" (Lk 16,9). Denn die Freunde werden, eure Groß-herzigkeit bezeugend, an euch denken, euch ´am Leben halten` oder neu zum Leben erwecken, wenn sie eure Frucht (an)erkennen und so vor dem Vergehen bewahren.

Vielleicht das *Seltsamste* (und Nachdenkenswerteste) an uns Menschen ist, *dass wir erst leben, wenn wir ins Bewusstsein von Mitmenschen treten.*

Normalerweise gelangen wir - als Neugeborene - zuerst ins Bewusstsein der Mutter, die uns auf uns selber zurückspiegelt.* Entsprechendes gilt sukzessive vom Vater, von Geschwistern, Kameraden usw. Sie erwecken uns zum Leben, indem sie uns in ihr Bewusstsein aufnehmen - es bezeugend, indem sie uns anblicken, ansprechen, uns teilhaben lassen, uns animieren dazu, uns zu zeigen, uns loben (oder tadeln), wenn uns etwas (nicht) gerät. Gleichzeitig spiegeln sie uns das Bild zurück, das sie von uns empfangen: *ein Bild von uns, das wir nicht kannten, bevor sie uns wahrnahmen.*

So existieren wir sukzessive als Bilder von anderen, die wir von ihnen empfangen, und werden so allmählich immer mehr unserer selbst bewusst: *wir existieren im Bewusstsein der anderen.*

Unser Ich-Kern wächst also nicht von selbst, schon gar nicht (wie die Krokusse im Frühling) "über Nacht". Wir wachsen auf im Zuge der Fremd-Wahrnehmung. *Wir bilden uns selbst an jedem Bild, das andere von uns gewinnen und uns wieder zukommen lassen.*

Der bekannte Satz "ich denke, also bin ich" des *René Descartes* ist somit nur zur Hälfte wahr: ich bin ich durch meine Mitmenschen, die (an) mich denken, und kann erst selber *etwas* und *mich* denken, wenn und weil *sie* an mich denken, weil sie schon zuvor meiner gedachten und weiterhin an mich denken wollen.

Was tun wir dazu?

Wir zeigen oder führen Produkte, Pläne, Vorhaben und Möglichkeiten unseres Lebens vor. Indem wir diese mit anderen teilen, haben

---

* Der Entwicklungspsychologe *René A. Spitz* beschrieb die sukzessiven Schritte: Unterscheiden des Belebten vom Unbelebten, von Gesicht und Maske, Frust und Befriedigung, Angst und Zuneigung, Abwehr und Erkennen: ein zunächst nonverbaler Dialog - in: *Spitz, Vom Dialog* (dt. Frankfurt/M.-Berlin-Wien 1982)

wir teil an ihrem Bewusstsein (*von uns*), an ihrer Ant-Wort: wir sind von ihnen ´realisiert` (erkannt, anerkannt, bejaht, geliebt).

Nicht zufällig sagt der Volksmund, jemand sei erst dann wirklich tot, wenn niemand mehr an ihn/an sie denkt. Anders gesagt: wir leben, wenn und solange Menschen an uns denken (uns schreiben, anrufen, das Gespräch suchen, uns besuchen, für uns beten u.a.m.). Mehr noch: Sind wir gedrückt, sinkt uns der Mut, fehlt uns die Tatkraft, kann schlichte Freundlichkeit, gratis verschenktes Wohlwollen anderer uns aufwecken, uns neu zum Leben erwecken, uns von einem Moment zum anderen zum "neuen Menschen" machen.

Wir haben ja auch, wenn es gut oder normal ging, dafür gesorgt, dass ´man` an uns denkt, dass die anderen uns am Leben halten, indem sie an uns denken, sich erinnern, wohlwollend von uns reden - oder trauern, dass wir entschwunden sind ...

Das gilt sogar negativ: manche Menschen tun abgrundtief Böses mit dem ihnen bewusst/ unbewussten Ziel, dass ihr Name, ihre Geschichte, ihre Taten *nicht vergessen werden können*. Sie sorgen dafür, dass man an sie denkt, ihr Name, ihr Gesicht, ihre Taten/Verbrechen erhalten bleiben. Sie haben sich ´Unsterblichkeit` quasi gestohlen (zum Widerwillen von Mitmenschen und Nachwelt), weil sie nicht "im Land des Schweigens wohnen" wollten (was von Beginn an kein Mensch will).

Doch ist ihr Andenken nur ein Zerrbild, eine Karikatur eines Lebens "in Fülle".

Das sukzessive Erwachen unserer selbst vom winzigen, schwach lebendigen Bündel Mensch zu "ich" und "wir" und "Persönlichkeit" könnte uns spiegeln, was uns geschieht, geschehen kann / soll, wenn wir diese vierdimensionale ´Raumstation` Erde verlassen.

Es scheint eine *ursprüngliche Wahrnehmung* zu sein, dass wir nur leben, wenn und soweit wir aufgenommen, aufgehoben sind in einem anderen Bewusstsein, das uns zum Leben erweckt, indem es uns *uns selber* spiegelt.

Totalem Vergessen anheimzufallen wäre gleichbedeutend mit einem Ausrinnen ins Wesenlose, ins Nicht-gewesen-sein, ins Nichts.

So meldet sich die Ahnung, dass wir im tiefsten Grund leben und *über*leben wollen unter dem gütigen Auge Eines, "der alles sieht" und will, dass alles "gut" sei oder werde (Ps 91 mit Gen 1).

Die Bibel gibt uns manche Hinweise.

Das Gleichnis von der Abrechnung des Herrn (*Kyrios*) mit seinen drei Knechten macht sichtbar, dass jene zwei Knechte, die fünf bzw. zwei "Talente" hinzugewannen, d.h. erarbeiteten, sich (säkular ausgedrückt) ´unsterblich` gemacht haben "in der Freude deines Herrn (Kyrios)", indes der ängstlich-unnütze Knecht, sich versteckend, sich abkapselnd, nichts aus sich und seiner Gabe gemacht hat, daher jener finsteren Leere anheimfällt, in die sein Leben entartete (Mt 25,14-30).

Direkter noch das nachfolgende Gleichnis vom Weltgericht (Mt 25,31-46). Der Richter zählt die Werke der Barmherzigkeit an Hungernden, Heimatlosen, Kranken u.a. auf: sie mach(t)en jene, die sie vollbrachten, in Geist und Mund der Empfänger und Nutznießer unsterblich. Nicht nur dies: der Richter erklärt, die Angesprochenen hätten ihre guten Taten den Bedürftigen und gleichzeitig *ihm selbst* zugewendet und sich damit vollends ´unsterblich` gemacht.

In und hinter den Empfängern der Wohltaten und deren dankbarem Gedenken ist der richtende Kyrios *jener Empfänger, der* an die Wohltäter denkend sie nie vergisst, sodass Täter und Taten in Seinem Bewusstsein lebendig, unsterblich sind.

Er schaut die Barmherzigen wohlwollend an, lächelt ihnen liebevoll zu, weckt sie wie eine Mutter, ein Vater aus der Versunkenheit, aus dem Schlaf ins Leben

In diesem Rahmen wird das Wort verständlicher, das der eine mit Jesus Gekreuzigte zu ihm sagt: "denk` an mich (bzw: erinnere dich* an mich), wenn du in dein Königtum kommst" (Lk 23,42).

In einer der Todesbaracken von *Auschwitz* (Block 11, wo auch *Pater Kolbe* starb) ritzte ein auf seine Erschießung wartender Kandidat ungelenk, doch erkennbar sein Zeugnis in die Wand: Der Gute Hirt, kenntlich am übergroßen Herzen, trägt das verlorene Schaf nach Hause: es hat den Umriss einer Leiche.

Unter all den Mördern und Menschenschändern schaut der Einsame *Jesus* - mehr noch: er weiß und sieht sich gefunden, erkannt und gerettet von Jesus.

Aber um dieses sein Bild wusste der Verurteilte vor seiner Bunkerhaft noch nicht.

Es erwachte in ihm oder wurde in ihm erweckt - <u>er</u> wurde in diesem Bild erweckt.

Ein Zeugnis aus gewachsenem Bewusstsein: mein Wesen wird ´realisiert` in Wissen und Gedenken der Lebenden, zuletzt in Wissen und Gedenken von Einem, dessen Auge, dessen Teilnahme und Sorge mich noch in schwärzester Nacht erfasst, mich schaut und bewahrt: ich bin aufgehoben *in seinen Augen wie in seinen Armen.*

Unser Leben ist nicht bloß ´Vitalität` (das Wort ist eine Abstraktion!). Es ist Frucht von *Wohlwollen,* von *Huld, uns geschenkt* in so oft und neu erwiesener Zuwendung, Zuneigung, Treue, die uns je neu aus Dunkel ins Licht hebt. Wir leben davon, dass "*El Chaj*" (der *Leben-*

---

* Der griech. Ausdruck μνήσθητι μου ist aoristischer Imperativ, auf den Moment bezogen: *denk` an mich jetzt, sobald du (gleich) in dein Königtum kommst!*

*Gott*) uns wahrnimmt, mit seinen Augen aufnimmt, lebendig macht, uns dasein lässt. Anders - unbemerkt, ignoriert - wären und sind wir nicht.

Diese Erfahrung spiegelt auch ein Beter im Alten Testament, wenn er selig bekennt:

*Du weißt um mich, ob ich sitze oder stehe, ob ich gehe oder ruhe, mit all meinen Wegen bist du vertraut! Im Rücken und von vorne hältst du mich umschlossen ...*[**] - wie ein Vater, eine Mutter die Arme um ihr Kind, um den geliebten Menschen legt.

Die häufige Erfahrung, dass wir Menschen, wo angesprochen oder ins Gespräch gezogen, *leben*, ja *auf*leben, *uns lebendig wissen und spüren*, inspiriert auch *Martin Luther* in seiner Genesis-Vorlesung: "Wo also und mit wem Gott redet, es sei im Zorn oder in Gnaden, der ist gewiss unsterblich. Die Person Gottes, die da redet, und das Wort zeigen an, dass wir solche Kreaturen sind, mit denen Gott bis in Ewigkeit und unsterblicherweise reden will".

Wir schauen Gott - vielmehr schaut Gott uns: in Jesus, in seinem Wort, in vielen lachenden, lächelnden, besänftigenden, ermutigenden Geschöpfen und Erfahrungen. Und Gott schaut auf uns in vielen fragenden, hoffenden, unsicheren, Trost suchenden, bettelnden Augen, die fragen: Bist du es, der da kommen soll? Wirst du, willst du - Gott werden für mich, für uns? Bist du - unser Leben?

Ohne uns zugewandte, uns aufweckende, beseligende Augen waren wir nicht, sind wir nicht und werden wir nicht sein.

---

[**] Vgl. Psalm 139 (Übersetzung *Alfons Deissler*). - Menschliche Schwäche kann diese Erfahrung entstellen, wenn sie Gott *zu menschlich* denkt, wie *J.P. Sartre* es beschrieb, der sich von Gott abwandte im Gefühl, vor Gott "grauenhaft sichtbar, eine lebende Zielscheibe" zu sein: *Die Wörter* (Reinbek 1965),78

*Klaus P. Fischer,* geb. 1941 in Stuttgart, studierte Klassische Philologie, Philosophie und Theologie in Tübingen, Innsbruck, Paris und Frankfurt/M. Theologische Promotion und Habilitation am Institut Catholique de Paris bei Henri Bouillard SJ über die Anthropologie Karl Rahners ("Der Mensch als Geheimnis"). Mitglied des Oratoriums des hl. Philipp Neri in Heidelberg.

Langjährige Tätigkeit in Pastoral, Religionspädagogik, Klinik-Seelsorge, Erwachsenenbildung, Kirchl. Rundfunkarbeit u.a.m. Diverse Veröffentlichungen zu Themen des Glaubens und christlicher Welt-Anschauung, wie *Gott und Teufel, Gott und Schicksal, Schöpfung – Naturwissenschaft, Tod und Auferstehung, Eucharistie und Abendmahl, Mensch – Gott – Kirche, u.a.m.* Lehrbeauftragter für Katholische Theologie an der Evangelisch-Theologischen Fakultät der Universität Heidelberg.

Weitere Bücher von Klaus P. Fischer finden Sie hier:

Impressum

**GLAUBE LEHRT SEHEN oder SEHKRAFT DURCH GLAUBEN**

von Klaus P. Fischer

Herausgeber:    Hans-Jürgen Sträter, Adlerstein Verlag Braunschweig

Verlag:    BoD · Books on Demand GmbH, In de Tarpen 42,
22848 Norderstedt, bod@bod.de

Druck:    Libri Plureos GmbH, Friedensallee 273, 22763 Hamburg

ISBN:    978-3-7597-7522-1

Ausgabe:    2025

Weitere Bücher von Klaus P. Fischer finden Sie hier: